Gitta Jahn

Das Megaphon
der Seele

Akasha-Lesen
Kartenlegen
Gefühlstransformation

Der Weg zu Glück und Zufriedenheit

Bibliografische Information der Deutschen Nationalbibliothek:
Die Deutsche Nationalbibliothek verzeichnet diese Publikation in der Deutschen Nationalbibliografie; detaillierte bibliografische Daten sind im Internet über http://dnb.dnb.de abrufbar.

Herstellung und Verlag:

BoD – Books on Demand, Norderstedt

ISBN 978-3-7534-1663-2

Inhalt

Einleitung

Wo stehen wir in unserem Leben? Wollen wir uns für neue Dinge öffnen oder im alten Trott weitermachen? Manchmal haben wir den Eindruck, unser Leben ist in Ordnung, so wie es ist. Und dann kann es auch so bleiben. Aber es bleibt nicht so. Denn Veränderung ist etwas, was wir nicht verhindern können. Wenn wir uns in unserer Komfortzone eingerichtet haben und uns nicht hinausbewegen, wird uns das Leben einen Schups geben. Und wenn wir darauf nicht reagieren, bekommen wir einen kräftigen Tritt. Die Hinweise werden immer deutlicher, bis wir uns dem nicht mehr verschließen können. Denn oft sind es Hinweise, die etwas mit unserer Gesundheit oder unseren Lebensumständen zu tun haben. Und die zwingen uns dann zum Umdenken.

Eine schwere Krankheit, Jobverlust oder das Zerbrechen einer Partnerschaft sind immer Hinweise darauf, dass etwas in unserem Leben nicht in Ordnung ist. Aber wir schauen nicht hin und verdrängen es. Verletzte Gefühle und Ängste erzeugen eine disharmonische Schwingung. Und die wirkt sich in allen Bereichen unseres Lebens aus. Denn wenn wir in unserer Mitte sind, in völliger Harmonie und mitten im Fluss des Lebens, passiert uns so etwas nicht.

Veränderungen können aber auch sanft vor sich gehen, fast unbemerkt, wenn wir unseren Impulsen folgen. So war es bei mir. Als ich 1995 in das Haus zog, in dem ich jetzt wohne, lernte ich schon in kurzer Zeit eine Nachbarin kennen, die Kartenlegerin war. Ich habe mich schon immer für spirituelle und nicht alltägliche Dinge interessiert und daher wollte ich unbedingt eine Kartenlegung erleben.

Was sie mir über mich erzählte, war unglaublich. Sie kannte mich nicht, waren wir doch erst eingezogen, und trotzdem erzählte sie mir Dinge aus meinem Leben, die sie nicht wissen konnte. Sie las diese

Informationen aus den Karten. Mich hat das dermaßen beeindruckt, dass ich sofort beschloss: Ich muss das auch lernen.

Ich besorgte mir einen Kartenlegekurs und begann mich mit den Karten zu beschäftigen. Doch so schnell und mühelos, wie ich mir das vorstellte, ging es nicht. Da ich nicht die Geduldigste bin, verlor ich rasch das Interesse daran und widmete mich anderen erstaunlichen Phänomenen. Etwa ein Jahr später zogen die Karten wieder meine Aufmerksamkeit auf sich. Ich holte sie heraus und beschäftigte mich erneut mit ihnen. Aber auch diesmal hielt mein Interesse nicht allzu lange an und sie verschwanden in der Schublade. Es dauerte ein weiteres Jahr, bis ich mich wieder zu ihnen hingezogen fühlte und diesmal hielt ich durch. Erst der dritte Anlauf brachte den Durchbruch. Da ich schon einiges gelernt hatte, ging es jetzt deutlich leichter und ich konnte erste erfolgreiche Legungen durchführen. Derart motiviert vertiefte und verfeinerte ich meine Fähigkeiten und fing an professionell damit zu arbeiten.

Ich las die Karten nicht nur technisch, von der eigentlichen Bedeutung der Karten her, sondern ich nutzte immer mehr meine Intuition. Die Intuition hatte sich in den letzten Jahren erst entwickelt. Ausgangspunkt dafür war meine Einweihung in Reiki. Durch die Arbeit mit Reiki hat sich mein innerer Kanal geöffnet und ich bekam Zugang zur geistigen Welt. Durch häufiges Meditieren hat sich das dann vertieft und wirkte sich auf meine Intuition aus.

Das Meditieren führte mich dann zu einem Seminar, wo ich mit Channeln und Akasha-Lesen in Kontakt kam. Das Akasha-Lesen wurde zu meiner zweiten Passion. Anfänglich war ich verunsichert und zweifelte meine inneren Bilder und empfangenen Informationen an. Ich traute mich manchmal nicht sie weiterzugeben. Aber die Reaktionen meiner Klienten haben mich eines anderen belehrt.

Oft waren sie berührt von diesen Informationen, Tränen liefen und sie waren in der Lage sich selbst besser zu verstehen. Das war für mich die

Bestätigung, dass ich nicht fantasierte, sondern echte Informationen empfing.

All dieser spirituellen Arbeit widmete ich mich neben meinem eigentlichen Beruf. Ich war Kundenberaterin in einer Bank und arbeitete gern dort. Aber wenn ich nach einem vollen Arbeitstag nach Hause kam, blieb nicht mehr viel Zeit und Kraft für meine spirituelle Arbeit. Aufgeben wollte ich die Arbeit in der Bank aber auch nicht, denn es war ein sicherer Job, der mir meinen Lebensunterhalt sicherte. Diese Sicherheit wollte ich auf keinen Fall verlieren.

Hinzu kam, dass ich dort viel Anerkennung und Wertschätzung erhielt. Ich wurde befördert und bekam Gehaltserhöhungen. Dennoch war es nicht das, was meine Seele wollte. Als es Zeit wurde, sich von der Bank zu verabschieden, schickte mir meine Seele kleine Zeichen, die ich aber geflissentlich übersah. Ich wollte in der Bank bleiben, bis ich in den Vorruhestand gehen könnte. Das heißt bezahlt zuhause bleiben und mich dann meiner spirituellen Arbeit widmen. Aber die Bank wollte mich nicht gehenlassen. Ich bekam gesundheitliche Probleme. Ein Burnout zwang mich, ein paar Wochen auszuspannen. Diese Zeit nutzte ich, um mich mit Gefühlsarbeit zu beschäftigen. Ich nahm an einigen Kursen zu Theta Floating teil. Das ist eine Technik, mit der man blockierte Gefühle lösen und heilen kann. Während der Ausbildung haben wir in Partnerübungen mit unseren Gefühlen gearbeitet. Ich hatte damals schon längere Zeit einen allergischen Husten, und der ist in Beratungsgesprächen kontraproduktiv. Er fiel mir ständig ins Wort. Ich brachte manchmal keinen ganzen Satz heraus, ohne zu husten. Mit Hilfe eines Heilpraktikers bekam ich ihn in den Griff, aber einige Zeit später war er wieder da. Und das ging schon eine ganze Weile so. Ich wurde ihn nicht dauerhaft los. Deshalb fragte ich in so einer Übung, was mir dieser Husten sagen will.

Die Erklärung dazu war genial. Sie veränderte mein Leben. Ich bekam die Information, dass ich einen Mangel an Anerkennung und Wertschätzung hatte. Ich selbst konnte mich mit meinem Tun nicht ausreichend anerkennen und suchte daher im Außen danach. Dieses Außen war meine Arbeit in der Bank. Dort wurde ich wertgeschätzt.

Dieser Mangel an Anerkennung führte dazu, dass ich unbewusst an der Arbeit festhielt. Damit blockierte ich den Vorruhestand selber. Denn zuhause hätte ich diese Wertschätzung nicht erhalten. Durch Verbindung zu meiner inneren Quelle löste ich den Mangel auf. Ich ließ so viel von diesem Gefühl in mich hineinfließen, dass ich erfüllt war davon. Es gab keinen Mangel mehr. Er wurde aufgelöst. Und das Ergebnis war, dass ich etwa sechs Wochen später das Angebot für den Vorruhestand erhielt und voll Freude annahm.

Wie ich zu der Erkenntnis kam, dass ich ein Mangelgefühl hatte – dazu mehr im Kapitel Gefühlsbearbeitung.

Nachdem ich schon viele Jahre sowohl das Kartenlegen, als auch die Akasha-Lesung und Gefühlstransformation praktiziere, hat sich in der letzten Zeit immer deutlicher gezeigt, dass alles miteinander verbunden ist bzw. ineinandergreift. Wenn ein Klient zu mir kommt, weil er Probleme im Leben hat, die er nicht selber lösen kann, müssen wir erst einmal herausfinden, wodurch diese Probleme ausgelöst wurden. Da kann es sehr hilfreich sein einen Blick in die Karten zu werfen. Wir schauen, was die Zukunft bringt. Und wenn die nicht so toll ist, betrachten wir die gegenwärtige Situation. Wie ist sie entstanden? Welche unerlösten Themen und Konflikte schwelen im Unterbewusstsein? Was gibt es dort zu erkennen? Aber mitunter liegen die Ursachen nicht im jetzigen Leben. Sie stammen aus vergangenen Inkarnationen und sind karmisch. In dem Fall bietet sich das Lesen in der Akasha-Chronik an. Welche Themen haben wir im damaligen Leben nicht aufgelöst? Gibt es emotionale Verletzungen oder Traumata, die noch in uns wirken? Was kostet uns Energie? Oder was bremst uns immer wieder aus?

Wenn wir diese Ursachen gefunden haben, lösen wir die emotionalen Verletzungen und Blockaden mit Hilfe der Gefühlstransformation auf.

Wir können sie heilen und loslassen.

So gesehen ist die Gefühlstransformation das alles Entscheidende. Aber um mit ihr arbeiten zu können, benötigen wir erst einmal die Informationen. Und die bekommen wir über das Kartenlegen oder die Akasha-Lesung.

Lange Zeit glaubte ich, das Kartenlegen ist nicht so wichtig. Mein Schwerpunkt lag auf der Akasha-Lesung. Auch die Gefühls-transformation fand ich nur begleitend wichtig. Aber seit einiger Zeit habe ich erkannt, dass alles drei wichtig ist. Es bedingt und ergänzt sich gegenseitig. Denn die Informationen, die ich aus der Akasha-Lesung bekomme, sind erst einmal nur Informationen. Damit verändert sich noch nichts. Erst wenn ich mich mit den Gefühlen näher beschäftige und sie bearbeite, kann Veränderung geschehen.

Manchmal sind es nicht die Informationen aus der Akasha, die uns weiterbringen, sondern die aus dem Kartenlegen. Und auch die führen dann zur Bearbeitung der Gefühle. Es greift quasi alles ineinander wie Zahnräder. Dadurch hilft es Lebenssituationen zu erkennen und zu verbessern.

Akasha-Lesen und Kartenlegen sind gute Mittel, um an die Gefühle heranzukommen, die wir verdrängt haben und die uns blockieren. Gefühle, die uns daran hindern ein glückliches und erfülltes Leben zu führen.

Letztlich bekommen wir über das Kartenlegen und die Akasha-Lesung Informationen, die uns helfen uns besser zu verstehen. Warum wir so ticken und so fühlen, wie es der Fall ist. Aber damit ändert sich noch nichts. Ändern können wir etwas, wenn wir mit den Gefühlen arbeiten. Wenn wir sie loslassen, transformieren und heilen.

1. Kartenlegen

Eine Reporterin von der Zeitschrift „Bild der FRAU" hat mir für eine Recherche die interessante Frage gestellt: Kann jeder von uns Wahrsagerin werden? Um das herauszufinden, ist sie zu mir gekommen und hat den Kurs „Kartenlegen nach Madame Lenormand" besucht.

Doch beim Kartenlegen geht es weniger um das Wahrsagen, als vielmehr darum herauszufinden, welche Themen im Leben des Klienten eine Rolle spielen. Welche Probleme hat er zu bewältigen? Was hindert ihn daran, ein glückliches und erfülltes Leben zu führen? Ein Blick in die Karten ist dabei sehr hilfreich, denn die Karten sind ein Hilfsmittel, um sich mit dem Feld des Menschen zu verbinden. Das energetische Feld um ihn herum, indem alles abgespeichert ist, was sein momentanes Leben ausmacht. Dort finden wir die Antworten auf seine dringenden Fragen. Dazu ist es notwendig, dass ich weiß, was die Karten bedeuten und was sie mir an Informationen vermitteln wollen.

Das Lesen der Karten kann man lernen. Das wurde der Reporterin klar, denn schon in kurzer Zeit konnte sie anfangen, die Karten zu deuten. Ihre wichtigste Frage haben wir mit verschiedenen Legetechniken beleuchtet und festgestellt: Wir kommen immer zum gleichen Ergebnis. Damit hatte sie Vertrauen in die Antworten und wusste, wie sie mit ihrem Problem fertig wird.

1.1 Warum funktioniert das Kartenlegen?

Das Kartenlegen spricht unsere Intuition an. Während wir die Karten ziehen, blenden wir das bewusste Denken aus. Dadurch bringen wir unser emotionales Unbewusstes wieder ans Tageslicht. Die Lenormand-Karten mit ihren symbolhaften Bildern geben unserem Unbewussten die Möglichkeit, sich auszudrücken. Die Karten können durchaus als Werkzeug für effektive Wahrsagelösungen verstanden werden. Mit dem Kartenlegen verschaffst du dir Zugang zu deinem Unterbewusstsein und bekommst zu hören, was du im Inneren schon weißt.

Ein Blick in die Zukunft sagt nicht, was absolut kommen wird, sondern es verschafft uns Klarheit über Optionen und Einflussfaktoren. Wie wir diese dann nutzen oder wie wir tatsächlich handeln, ist dann unsere Entscheidung und bestimmt unsere Zukunft. Letztlich entscheiden wir durch unser Handeln im Jetzt, wie die Zukunft aussehen wird. Aber zu wissen, welche Optionen bestehen, hilft uns leichter eine Entscheidung zu treffen. Dabei hilft uns die Intuition und unser Bauchgefühl. Sie sind ein Ausdruck unseres Unterbewusstseins.

Das Endergebnis, das sich in den Karten zeigt, kann ich verändern, indem ich mit Hilfe der Informationen aus den Karten aktiv in das Geschehen eingreife oder andere Entscheidungen treffe. Ich bin meinem Schicksal nicht hilflos ausgeliefert, sondern kann es beeinflussen. Mein Schicksal ist nicht in Stein gemeißelt. Es entsteht durch mein Handeln und meine Entscheidungen.

Wenn sich abzeichnet, dass die Zukunft nicht so wird, wie ich sie mir erhoffe, sollte ich meine Einstellung zum gefragten Thema überdenken. Manchmal reicht es schon aus, eine andere innere Haltung einzunehmen, um das Endergebnis zu verändern.

Das Kartenlegen löst eine mentale Beschäftigung mit anstehenden Veränderungen oder Lebensentscheidungen aus. Sie bestätigen deine Intuition oder auch nicht.

Letzten Endes handelt es sich dabei nur um bunt bedrucktes Papier. Erst wenn du den Karten eine Bedeutung zukommen lässt, bedeuten sie auch etwas.

Wenn du dir die Karten legen lässt, wirst du Trends, Richtungen und Vorschläge erhalten. Du alleine entscheidest und bestimmst, welche Richtung du im Anschluss einschlagen oder welchem Trend du folgen wirst. Wichtig ist, dass du bei allen Aussagen auf dein Inneres hörst.

Vertraue den Karten nicht blind, sondern sehe sie als eine Hilfe zur Entscheidungsfindung an. Schaffe mit den Informationen, die sie dir bieten, eine optimale Lösung des Problems.

Voraussetzung ist, dass du daran glaubt und dich für das Spirituelle öffnest. Genauso wichtig ist es, dass du ruhig und entspannt dabei bist. Denn das Kartenblatt ist wie eine Momentaufnahme der jetzigen Situation. Bist du aufgeregt und nervös, wird sich das auch im Kartenbild widerspiegeln und der Zugang zu den wichtigen Informationen wird damit erschwert. Wenn du dir die Karten legen lässt, entspanne dich, atme ein paarmal tief durch, komme bei dir an und lass deinen Alltagsstress los. Erst wenn du in völliger Ruhe bist, kann das Kartenblatt deine momentane Lebenssituation optimal zum Ausdruck bringen.

Wenn du möchtest, dass das Kartenlegen für dich funktioniert, musst du auch bereit sein, an dir selbst zu arbeiten. Kartenlegen ist kein Freifahrtschein, das Denken komplett auszuschalten. Nutze die daraus resultierenden Denkanstöße und kreiere eigene Lösungen.

1.2 Die Lenormand-Karten

Wie ich schon sagte: Kartenlegen kann man erlernen. Das ist die gute Nachricht. Die andere ist, erst durch viel Übung wird man auch erfolgreich legen.

Kartenlegen wurde schon vor über 25 Jahren mein Hobby und später auch mein Zweitberuf. Ich finde es immer noch erstaunlich, was man aus den Karten alles herauslesen kann. Mir macht die Arbeit viel Spaß, denn dadurch kann ich manchmal nicht nur karmische Zusammenhänge erkennen, sondern mache mit den Klienten auch gleich kleine meditative Übungen zur Auflösung von Blockaden. Ich kann erkennen, welche unaufgelösten Themen er oder sie noch mit sich herumschleppt. Und die auch gleich anzugehen und zu bearbeiten, kann den Blick nach vorn frei machen.

Meine Lieblingskarten sind die Lenormand-Karten. Diese einfachen und archetypischen Bilder haben eine ebenso einfache und klare Aussage. Sie eignen sich besonders für die alltäglichen Fragen und Probleme.

Madame Lenormand wurde 1772 in Frankreich geboren und war eine berühmte Wahrsagerin. Sie sagte schon Napoleon voraus, dass er Kaiser werden würde. Ihr Ruhm war so groß, dass Napoleon am Vorabend seines Russlandfeldzuges zu ihr kam und wissen wollte, ob sein Vorhaben erfolgreich sein wird.

Madame Lenormand riet ihm nach einem Blick in die Karten dringlichst von diesem Feldzug ab. Sie sagte den Brand von Moskau, den gänzlichen Zusammenbruch und die Flucht der französischen Armee aus Russland voraus. Der Kaiser war wütend und drohte ihr. Doch sie blieb bei ihrer Aussage, denn die Karten gaben deutliche Hinweise auf eine Niederlage. Und die Geschichte gab ihr letztlich Recht.

Auf Grund ihrer Popularität und Treffsicherheit gab man ihr den Namen »Sybille von Paris«. Sie ist die »Mutter aller Kartendeuterinnen«, da sie zum ersten Mal feste Regeln, Legearten und Deutungen hinterließ.

Weil ihre Karten so einfach zu deuten sind und die Legesysteme sehr hilfreich und leicht erlernbar sind, haben diese Karten in den letzten fünfzig Jahren eine große Renaissance erlebt. Sie gehören mit zu den beliebtesten Wahrsagekarten überhaupt.

Wer selber einmal Kartenlegen will, wird merken, dass es ungleich schwerer ist, aus Skatkarten eine klare Aussage zu bekommen, wenn man sich nicht vorher sehr intensiv mit der Bedeutung der Karten beschäftigt hat. Auch Tarot ist eine große Herausforderung für Anfänger. Anders Lenormand. Man lässt einfach seine Intuition spielen.

Schon wenn ich mir die Karte „Das Kind" anschaue. Was assoziiere ich dabei? Zuerst natürlich ein Kind - aber auch spielerisch, kindlich, naiv, offen für neues sein. Kinder lernen mit Leichtigkeit neue Dinge. Sie sind zwar noch klein, aber sie wachsen und symbolisieren damit etwas, was noch neu und klein ist, aber wächst und sich entfaltet.

Es macht Spaß, sich mit den Karten zu beschäftigen. Zieh dir einfach eine Tageskarte, am besten morgens, und versuche sie zu deuten. Und am Abend reflektierst du deinen Tag und überlegst dir, was dir die Karte sagen wollte. So gewinnst du am schnellsten Zugang zu den Karten.

1.3 Wie bekommen wir die Informationen über die Karten?

Die Antwort ist: über die Intuition. Beim Kartenlegen verbinden wir uns mit unserem Unterbewusstsein. Schon allein das Mischen der Karten hat etwas mit dem Unbewussten zu tun. Denn wie wir mischen, wie lange wir mischen und wann der Impuls zum Aufhören kommt, hat etwas mit dem Unterbewusstsein zu tun. Die Frage, auf die wir uns beim Mischen konzentrieren, die Antwort, die wir suchen, beeinflusst die Art, wie wir mischen.

Wenn wir dann die Karten auslegen, lassen wir die Bilder erst einmal auf uns wirken. Ich arbeite hauptsächlich mit den Lenormandkarten. Ich bevorzuge sie deshalb, weil die Bilder einen archetypischen Charakter haben und dadurch auch leicht verständlich sind. Jede einzelne Karte hat generell eine Grundbedeutung. Diese Grundbedeutung kann verschiedene Aspekte beinhalten. Was ich hierbei mit Aspekten meine, will ich am Beispiel der Karte „Reiter" verdeutlichen.

Der Reiter kann eine Person darstellen, einen sportlichen jüngeren Mann. Er kann jung, dynamisch, flexibel, lebhaft, kontaktfreudig und aufgeweckt sein und viele Interessen haben. Es kann sich aber auch um einen Boten handeln, der eine Nachricht überbringt. Zu der Zeit, als Madame Lenormand die Karten gestaltete, war der reitende Bote der schnellste Nachrichtenübermittler.

Im Bereich Beruf kann es sich dabei um ein Angebot für eine berufliche Weiterentwicklung handeln oder um neue Unternehmungen. Im Bereich Finanzen um neue Möglichkeiten, Investitionen oder Fortschritt in Geldangelegenheiten. Im körperlichen Bereich geht es um Fuß- oder

Kniegelenke und um Heilung. Und zeitlich gesehen geht etwas schnell oder zügig voran. Denn der Reiter ist schnell unterwegs. Im spirituellen Bereich kann es sich um Botschaften aus der geistigen Welt handeln, um spirituelles Fortschreiten oder Mittler zwischen den Welten sein.

Oder nehmen wir die Karte „Der Turm". Auch er hat vielfältige Bedeutung. Er steht für ein Gebäude, eine Behörde, ein Amt oder eine Firma. Er kann auch die eigene Selbständigkeit symbolisieren, wenn es um Berufliches geht. Auch Trennung von der Arbeit, also Entlassung oder weiterhin arbeitslos sein. In Beziehungen kann er eine drohende Trennung anzeigen, oder eine Trennung ist bereits vollzogen. Es geht auch um Einsamkeit, sich allein fühlen, Isolation so wie Rapunzel im Turm eingesperrt.

Aber auch selbstgewählter Rückzug oder auf Abstand gehen ist ein Aspekt. Das zeigt die Zugbrücke, die heruntergelassen ist. Man kann jederzeit wieder hinaus gehen. Die Karte deutet auch auf Charaktereigenschaften hin, wie egoistisch, rücksichtslos, ehrgeizig, unflexibel oder einsam. Es kann auch ein Hinweis auf Grenzen setzen sein, so wie in früheren Zeiten die Türme als Grenztürme dienten. Sie markierten in Fürstentümern die Grenze und warnten rechtzeitig vor Feinden. Die Symbolik der Karten hat häufig einen Bezug zum damaligen historischen Hintergrund.

Im spirituellen Bereich kann der Turm ein Hinweis auf Grenzen überschreiten sein. Auch auf Jenseitskontakte. Im Gesundheitlichen symbolisiert sie den Rücken, die Wirbelsäule und den Hals.

Du siehst also, es gibt viele verschieden Möglichkeiten, eine Karte zu deuten. Ausschlaggebend sind immer die umliegenden Karten, zu denen ein Bezug hergestellt wird auf Grundlage der Frage, die der Legung zugrunde liegt. Und das war jetzt nur eine Karte. Aber beim Kartenlegen geht es auch um das Zusammenspiel der einzelnen Karten miteinander. Das Wechselspiel, um ihre Lage im Kartenblatt, um zeitliche Aspekte und vieles mehr. Deshalb ist es wichtig, sie auf sich wirken zu lassen und intuitiv an die Lesung heranzugehen. Grundsätzlich kann jeder lernen Karten zu legen, aber es bedarf viel Übung und Erfahrung sie intuitiv zu deuten.

Vielleicht hast du schon mal den Begriff morphisches Feld gehört. Damit ist das energetische Feld um uns herum gemeint. Ein Feld, in dem wir uns alle befinden und das uns alle miteinander verbindet. So gesehen bin ich beim Kartenlegen auch mit dem Feld des Klienten verbunden und kann intuitiv wahrnehmen, was sich darin befindet. Kartenlegen ist wie ein Lesen im morphischen Feld.

Ich lese zuerst in seiner Gegenwartsspalte. In ihr erkenne ich die gegenwärtige Situation und das momentane Problem. Denn ein Problem liegt vor. Niemand der glücklich und zufrieden ist, kommt zu mir um sich die Karten legen zu lassen. Wer zu mir findet, hat ein Problem und erhofft sich eine Hilfestellung von mir. Aus der gegenwärtigen Situation ergibt sich dann die zu erwartende Zukunft. Denn das Jetzt bestimmt, was kommt. Wenn die Zukunft nicht so rosig ist, wie der Klient sich das wünscht, schaue ich mir die Vergangenheit in den Karten an, um herauszulesen, wo die Ursache für die jetzige Situation liegt. Das hat häufig mit emotionalen Verletzungen, Verlassen sein, Mobbing oder anderen blockierenden Gefühlen zu tun. Da gilt es dann genauer hinzuschauen. Was ist konkret passiert? Warum kann der Klient das nicht loslassen? Was braucht es, um es zu transformieren und zu heilen?

Häufig biete ich dem Klienten eine meditative Vergebungsübung an. Bei dieser Übung kommt es häufig vor, dass er sehr berührt ist, dass Tränen fließen und Erleichterung spürbar wird. Manchmal reicht das schon aus, um etwas in Gang zu bringen. Aber häufig muss noch tiefer gegraben werden, um die Blockaden zu lösen. Das heißt, dass eine intensive Gefühlsbearbeitung notwendig ist, um die Altlasten loszuwerden.

1.4 Beispiele aus der Praxis

Meine Karriere in der Bank

Es ist schwierig, für sich selber die Karten zu legen. Oft ist man nicht objektiv genug, hat die rosarote Brille auf oder sieht nur das, was man sehen will. Deshalb gehe ich mitunter zu einer Kollegin und lasse mir die Karten legen.

Diese Kartenlegerin hat zwei Jahre lang in den Karten gesehen, dass ich noch einen Karrieresprung in der Bank mache. Ich konnte es mir nicht vorstellen, da ich gar keine Ambitionen hatte und eigentlich lieber in den Vorruhestand gehen wollte. Ich dachte immer: Was sieht sie da schon? Lass sie mal reden...

Aber dann geschah etwas, womit ich nicht gerechnet hatte. Es gab überraschend neue Karrieremöglichkeiten, für die ich die besten Voraussetzungen hatte. Und plötzlich wurde ich gepuscht. Ich bekam einen besonderen Status und eine Gehaltserhöhung. Ich fühlte mich geehrt und anerkannt.

Das was die Kartenlegerin in den Karten gesehen hatte, traf tatsächlich ein. Aber es machte mir auch wieder einmal klar, wie schwierig Zeitangaben im Kartenblatt sind. Das ist ein Fakt, der sich am wenigsten fassen lässt. Was nicht nur mit den äußeren Umständen zu tun hat, sondern auch von der eigenen persönlichen Entwicklung abhängt.

Je eher wir uns in die richtige Richtung bewegen, desto eher kann das avisierte Ereignis in unser Leben treten. Das setzt eine bestimmte Bewusstheit voraus, die wir uns aber erst einmal erarbeiten müssen.

Klientin hat ein Wohnungsproblem

Die Klientin, die sie zu mir kommt, überlegt in eine kleinere Wohnung zu ziehen. Aber sie hat kein gutes Gefühl dabei. Deshalb will sie die Sicht der Karten dazu erfahren. Ihre Bedenken zeigen sich ganz klar in den Karten, besonders ihre Angst, sich in einer kleinen Wohnung beengt und eingesperrt zu fühlen. Finanzielle Gründe scheinen den Umzug notwendig zu machen, aber sie hat Bauchschmerzen dabei. Irgendetwas fühlt sich für sie nicht richtig an.

In den Karten ist klar zu erkennen, dass es ihr in der Zukunft dort nicht gut gehen wird. Sie wird das Gefühl haben, nicht genug Luft zum Atmen zu haben und kann depressiv werden oder andere körperliche Symptome bekommen. Die Zukunft sieht aus gesundheitlicher Sicht bedenklich aus.

Deshalb machen wir eine weitere Legung, und zwar die Entscheidungslegung. Wir prüfen dabei beide Möglichkeiten. Das ist eine kleine Legung mit nur fünf Karten pro Option. Die Option Umzug zeigte sich erneut als schwierige Herausforderung. Aber die Option in der alten Wohnung zu bleiben sah deutlich heller und freundlicher aus.

Ihr inneres Gefühl scheint sich hier zu bestätigen. Denn auch hier fühlte sich der geplante Umzug unangenehm an.

Sie fühlte sich durch die Karten in ihrer Wahrnehmung bestätigt. Trotzdem hat sie einige Tage später einen Besichtigungstermin wahrgenommen und sich die kleine Wohnung angeschaut. Anschließend rief sie mich an, um mir mitzuteilen, dass sie nicht umziehen wird. Die Wohnung hat genau die Gefühle in Ihr hervorgerufen, die wir auch in den Karten gesehen haben. Sie fühlte sich eingeengt und unwohl und das wollte sie sich nun doch nicht auf Dauer antun. Sie wird andere Möglichkeiten finden, um ihre angespannte finanzielle Situation zu meistern und dennoch in ihrer Wohnung bleiben zu können.

Klientin hat Beziehungsfragen

Die alleinerziehende Mutter zweier Kinder lernt einen neuen Mann kennen. Sie ist verwitwet und hat den Verlust ihres Mannes noch nicht verarbeitet. Sie hadert mit ihrem Schicksal, fühlt sich allein und überfordert in dieser Rolle. Deshalb tut sie sich schwer damit, jemanden kennenzulernen. Die Karten zeigen ihr an, dass in der Zukunft dieser Mann ihr Herzensmann sein kann, aber sie ist nach einigen Bekanntschaften sehr vorsichtig geworden. Es gestaltet sich schwierig für sie, aber nachdem wir in den Karten immer wieder den Hinweis auf diesen Mann gesehen haben, beginnt sie sich zu öffnen. Ich begleitete sie einige Jahre auf ihrem Weg und konnte dabei die Entwicklung dieser Beziehung mitverfolgen und ihr dabei Vertrauen vermitteln. Heute ist sie mit ihm verheiratet.

Natürlich ist diese Ehe nicht nur eitel Sonnenschein, sondern es gibt Höhen und Tiefen, wie in jeder Familie. Aber sie stellt sich den Herausforderungen und ist bereit, etwas dafür zu tun. Sie ist aus ihrer Opferrolle herausgetreten und übernimmt jetzt Verantwortung für ihr Leben. Das regelmäßige Kartenlegen hat sie darin bestätigt, dass sie auf dem richtigen Weg ist.

Klientin hat eine unbefriedigende Wohnsituation

Die Klientin lebt in der Schweiz in einer Pension, sehr beengt und mit einem unangenehmen Nachbarn, mit dem sie sich Küche und Bad teilen muss. Sie will unbedingt ausziehen, kann es sich aber nicht leisten. Die Karten zeigen eine Möglichkeit an, aber die ist noch blockiert. Wir finden über verschiedene Fragestellungen und Legungen heraus, dass sie es sich finanziell nicht zutraut, die Miete für eine Wohnung auf Dauer zu tragen. Sie will sich auch beruflich verändern, damit sie mehr Geld verdienen kann, aber auch hier ist sie blockiert, weil sie schon zu lange aus ihrem Beruf raus ist. Sie glaubt auf Grund ihres Alters keine Chance auf eine neue Arbeit zu haben.

Wir beginnen ihre Blockaden zu bearbeiten, und ich gebe ihr als Hausaufgabe mit, jeden Tag ihre ideale Wohnung zu visualisieren. Sie hat mir gesagt, was sie sich wünscht und genau das soll sich jeden Tag vorstellen und auch fühlen. Sie soll in Gedanken in dieser Wohnung herumgehen und sich freuen, dass sie darin wohnt.

Einige Wochen später lernt sie jemanden kennen, der genau so eine Wohnung hat und für längere Zeit beruflich ins Ausland geht. Er sucht einen Untermieter für diese Zeit, damit die Wohnung nicht leer steht und er die Miete bekommt. Diese Miete liegt genau in ihrem Budget und sie ist glücklich, endlich aus der Pension ausziehen zu können.

Das Visualisieren und Fühlen hat die gewünschte Wohnung zu ihr geführt. Jetzt geht es darum, auch das Berufliche zu visualisieren. Sie muss ihre Bedenken loslassen, damit sie eine neue Arbeit findet. Denn dann ist sie auch nach Rückkehr des Vermieters finanziell in der Lage, sich eine adäquate Wohnung leisten zu können.

Aber nachdem sie erlebt hat, wie gut das Visualisieren der Wohnung funktioniert hat, ist sie guter Hoffnung auch das andere Problem zu lösen. Die Karten haben jedenfalls gesagt, dass es eine Möglichkeit gibt. Nun liegt es an ihr.

Klientin will sich beruflich verändern

Die Klientin kommt zu mir, weil sie mit ihrer beruflichen Situation unzufrieden ist. Ihre Arbeit wird nicht anerkannt. Sie macht mehr, als sie müsste, denn sie fühlt sich für das große Ganze verantwortlich und nicht nur für ihren kleinen Bereich. Aber das nimmt niemand wahr. Ihre

Kompetenz wird nicht anerkannt, vielmehr fühlen sich ihre Kollegen durch sie geschulmeistert und es kommt zu Disharmonien im Umgang miteinander.

Es gibt immer wieder mal die Möglichkeit innerhalb der Firma zu wechseln. Deshalb befragen wir die Karten, wie ihre Chancen aussehen und ob sich bald etwas ergibt. Es gibt tatsächlich Optionen, die einen Wechsel ermöglichen würden. Aber interessanterweise reagiert die Klientin verhalten darauf. Sie hadert mit sich, ist unsicher und traut sich ein neues Aufgabengebiet nicht zu. Sie ist überzeugt davon, dass sich ihr Alter ungünstig bei einer Bewerbung auswirkt. Ich spüre ihre tiefen Zweifel.

Genau diese Zweifel sind der Bremsklotz auf ihrem Weg. Wir arbeiten mit ihren Gefühlen, lösen ihre Zweifel auf und bauen ihr Selbstbewusstsein wieder auf. Die erste Bewerbung, die sie daraufhin startet, führt noch nicht zum gewünschten Erfolg. Aber es nimmt ihr die Unsicherheit und Nervosität, denn es fühlt sich wie eine Probe an, wie ein Test, ob sie wirklich bereit ist, sich zu verändern. Die nächste Bewerbung bringt es dann. Sie bekommt die Stelle und wird mit offenen Armen empfangen. Das Team ist schon länger unterbesetzt und alle sind froh, Unterstützung zu bekommen. Sie lebt sich dort gut ein und fühlt sich anerkannt und bestätigt.

Dass sie eine neue Arbeit bekommt, lag schon länger in den Karten. Aber unbewusst war sie noch nicht bereit dafür. Das galt es zu erkennen und zu verändern. Als der Knoten geplatzt war, ging alles ganz rasch. Und wie wir den Knoten zum Platzen gebracht haben, dazu mehr in Kapitel 3.

An diesem Beispiel kannst du gut erkennen, dass wir Einfluss darauf nehmen können, wie es in unserem Leben weitergeht. Ist man proaktiv und bereit, positive Ergebnisse im Leben zu erzielen, kann man am meisten vom Kartenlegen profitieren. Generell hast du nur wenig Kontrolle über irgendwas im Leben. Wenn du deine Energie aber kanalisierst, kannst du die Chancen um dich herum nutzen und positive Veränderungen in deinem Leben bewirken. Das heißt: Wenn du möchtest, dass das Kartenlegen für dich funktioniert, musst du bereit sein, für dich selbst etwas zu tun.

Häufig kommt es vor, dass wir in den Karten eine emotionale Verletzung erkennen, die aus einer Trennung resultiert. Die Klientin ist noch nicht in der Lage, die alte Partnerschaft loszulassen und sich auf etwas Neues einzulassen. In diesen Fällen empfehle ich häufig eine meditative Vergebungsübung, die wir auch sofort machen. Und die sieht so aus:

Schließe die Augen und atme ein paarmal tief ein und aus. Lass alles los, was dich gerade belastet. Stell dir vor, du stehst in einer Lichtsäule aus weißem Licht. Dieses Licht fließt durch dich hindurch. Während es von oben durch deinen Körper hindurchfließt, spült es alle negativen Emotionen, alle Sorgen und Nöte und jeglichen energetischen Müll hinaus. Wenn du das einige Momente machst und alles hinausgeflossen ist, fühlst du dich leichter und Freude kann sich in dir ausbreiten. Wenn du dieses Gefühl spürst, dann verändere die Farbe des Lichtes in Rosa und nimm wahr, wie die Frequenz der kosmischen Liebe durch dich hindurchfließt.

Dann stell dir vor, wie du dieses rosafarbene Licht in deinem Brustkorb sammelst. Ich stelle mir dafür immer eine Schüssel in meinem Brustkorb vor, in dem ich das Licht sammle, und irgendwann ist die Schüssel voll und fließt über. Wenn sie überfließt mache gedanklich deinen Brustkorb vorn auf und lass es hinaus fließen. Es fließt von oben weiter stetig nach.

Jetzt stellst du dir den Menschen, mit dem du den Konflikt hast, gedanklich vor dich hin und er bekommt diese rosafarbene Wolke ab. In dem Moment seid ihr beide mit der kosmischen Liebe verbunden. Er als inkarnierter Mensch bekommt davon nichts mit, aber seine Seele spürt es.

Das ist der Moment, wo du mit ihm kommunizieren kannst. Du kannst ihm hier gedanklich all das sagen, was dir auf der Seele liegt, was du dich noch nie getraut hast zu sagen oder wo er immer nicht zugehört hat. Lass alles raus. Und wenn du alles gesagt hast, was dir wichtig ist, mach bewusst eine Pause und denke nichts mehr. Warte ab, was passiert. Vielleicht antwortet seine Seele. Vielleicht auch nicht.

*Und jetzt kommt das Kernstück der Übung: die Vergebung. Du vergibst ihm aufrichtig und aus tiefstem Herzen, am besten mit den Worten: „Ich vergebe **dir** all das Leid und den Schmerz, den **du mir** zugefügt hast. Den du mir im jetzigen Leben, in vergangenen und in allen künftigen Leben zugefügt hast." (Damit ist der gesamte Zeitstrahl abgedeckt.)*

*Wenn du ihm vergeben hast, dann darfst du auch um Vergebung bitten. Am besten mit ähnlichen Worten: „Bitte vergib auch **mir** aufrichtig und von Herzen all das Leid und den Schmerz, den **ich dir** zugefügt habe. Den ich dir im jetzigen Leben, in vergangenen und in allen künftigen Leben zugefügt habe."*

Wenn du vergeben hast und um Vergebung gebeten hast, kannst du ihn nochmal in den Arm nehmen und mit ihm über eine Wiese spazieren oder dich mit ihm auf eine Bank ans Wasser setzen und dem Sonnenuntergang zuschauen. Mach etwas, wobei sich seine Seele wohlfühlt, am besten etwas in der Natur. Denn wie gesagt, seine Seele bekommt das mit.

Und wenn du der Meinung bist, jetzt reicht es, dann lass ihn wieder verschwinden, mach die Augen auf und sitze wieder auf deinem Sofa.

Wenn ich so eine Meditationsübung mit einer Klientin mache, kommt es häufig vor, dass sie sehr berührt ist und oft auch Tränen fließen. Daran merke ich, dass etwas in ihr passiert. Ich empfehle immer, diese Übung zuhause zu wiederholen an weiteren zwei Tagen. Denn dreimal durchgeführt hat sie eine intensivere Wirkung.

Mit dieser Übung hast du ein Teil eures Karmas aufgelöst. Im Idealfall könnt ihr wieder zueinanderfinden. Oder aber ihr könnt zumindest neutral miteinander umgehen.

Das Feedback von Klienten dazu hat mich oft sehr berührt. Denn es veränderte sich etwas in ihrem Leben. Entweder der andere meldet sich überraschend wieder, oder man trifft sich „zufällig" auf der Straße und kann wieder miteinander reden. Denn beide nehmen sich jetzt vollkommen anders wahr. Frei von verletzten Gefühlen und völlig neutral gegenüber.

Das Alte hat keine Macht mehr, weil es transformiert und aufgelöst wurde und der Weg ist frei für eine neue Entwicklung. Die Weichen sind neu gestellt. Jetzt ist wieder alles möglich.

Interessant ist auch noch folgender Umstand. Nach dieser Vergebungsübung haben wir die Karten noch mal neu gelegt und schon eine Veränderung gesehen. Die zu erwartende Zukunft zeigte sich anders. Denn deine Zukunft kreierst du im Jetzt und was jetzt vergeben und geheilt wurde, hat keinen Einfluss mehr auf die Zukunft. Hier zeigt sich mal wieder ganz klar: Du bist der Schöpfer in deinem Leben und du allein bestimmst, was geschieht.

Die Klientin hat sich selbst den Impuls gegeben ihm zu vergeben und das sieht man im Kartenbild. Da sie den Groll losgelassen hat, ist diese

Energie nicht mehr in ihrem Feld. Sie hat eine andere Ausstrahlung und die zeigt sich auch gleich im Kartenbild. Denn dieses Kartenbild ist wie eine Momentaufnahme. Es zeigt den gegenwärtigen Moment. Und wenn ich mich verändere, verändert sich auch meine Zukunft. Die Karten spiegeln das wider.

1.5 Lenormand: Tageskarte

Wir können die Lenormand-Karten auch einzeln als Orakelkarte für den Tag nutzen. Ziehe dazu einfach jeden Morgen eine Karte aus deinem Deck. Die Tageskarte dient dir als Leitfaden für deinen Tag und gibt eine gute Orientierung für bestimmte Fragen wie zum Beispiel:

Was hält der heutige Tag für mich bereit?

Worauf sollte ich mich heute besonders konzentrieren?

Aus welchem Lebensbereich werde ich heute eine Botschaft empfangen?

Am Abend kannst du den Tag noch mal Revue passieren lassen und reflektieren, was der Hinweis der Karte war oder worauf sie dich aufmerksam machen wollte. Je öfter du das machst, desto vertrauter werden dir die Karten und du kannst die Botschaft für dich leichter erkennen.

1.6 Lenormand: Das Keltische Kreuz

Eines der ältesten Legesysteme ist das keltische Kreuz, für das sich die Lenormand-Karten besonders gut eignen. Es kann dir helfen, Antworten auf beinahe alle Fragen des Lebens zu erhalten. Besonders eignet es sich, wenn du wissen möchtest, ob sich eine bestimmte Sache oder ein Wunsch erfüllen wird. Daher musst du während des Mischens intensiv an die Sache oder deinen Wunsch denken. Dann fächerst du die Karten vor dir auf und wählst die Karten intuitiv aus.

Die Karten werden in folgender Reihenfolge ausgelegt:

1. Das ist es: Lege die erste Karte mittig vor dich hin. Die ist deine Ausgangssituation. Hier findest du das Leitthema, das dich während dieser Legung beschäftigen wird.

2. Das kreuzt es: Lege die zweite Lenormandkarte quer über die erste Karte. Erkenne hier die fördernden oder hinderlichen Personen, Ereignisse oder Gefühle, die direkten Einfluss auf deine Ausgangssituation nehmen.

3. Die Gedanken: Platziere die dritte Lenormandkarte direkt oberhalb der ersten Karte. Hier finden sich all deine bewussten Gedanken zur Situation. Diese Karte verkörpert dein bewusstes Erleben.

4. Das Unbewusste: Lege die vierte Lenormandkarte unter die erste Karte. Diese Karte symbolisiert deine unbewussten Gefühle zur Situation, dein emotionales ich.

5. Das war zuvor: Die fünfte Lenormandkarte legst du nun links neben die erste Karte. Erfahre an dieser Stelle, welche wichtigen Ereignisse aus der Vergangenheit zu deiner aktuellen Situation geführt haben.

6. Das kommt danach: Die sechste Lenormandkarte wird rechts neben die erste Karte gelegt. Die sechste Lenormandkarte symbolisiert die nähere Zukunft und möchte dir sagen, wie sich die Situation entwickeln wird.

7. Das ist der Fragende: Platziere die siebte Lenormandkarte rechts unten. Diese Karte zeigt deine persönliche Einstellung zum Thema an.

8. Äußere Einflüsse: Die achte Lenormandkarte wird über die siebte gelegt. Die achte Lenormandkarte sagt etwas über dein Umfeld aus. Sie verrät dir, welchen Einfluss andere Personen auf deine Situation haben.

9. Das sind die Erwartungen: Lege die neunte Lenormandkarte über die achte. Dies sind deine Hoffnungen und Ängste, Wünsche, aber auch Befürchtungen, die du gegenüber der Situation hegst.

10. Das Endergebnis: Die zehnte Lenormandkarte legst du über die neunte. Das ist das Ergebnis, das du erwarten darfst. Die letzte Karte symbolisiert somit deine Zukunft auf längere Sicht.

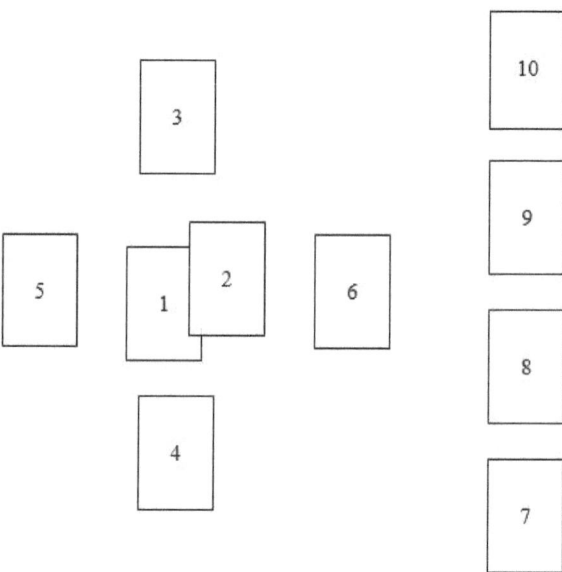

1.7 Weitere Legesysteme

Weitere Möglichkeiten der Legung sind die Wochenlegung oder 12-Monats-Legung. Bei der Wochenlegung ziehst du drei Karten und deutest sie im Zusammenhang. Durch die sehr begrenzte Anzahl der Karten gibt es eine Begrenzung auf das Wesentliche. Das muss nicht unbedingt das sein, was du für dich persönlich als das Wichtigste erachtest. Vielleicht ist es ein eher unscheinbares Ereignis, was die Karten anzeigen und dir wird erst später bewusst, dass es doch eine größere Bedeutung hatte, als du glaubtest. Deshalb ist es auch wichtig, die Deutung rückwirkend noch einmal zu betrachten.

Du kannst die Wochenlegung auch auf deine fünf Arbeitstage eingrenzen und dabei für jeden Tag drei Karten auslegen und sie zusammen deuten. Das kann dir helfen, dich besser auf deinen Tag einzustimmen und vorbereitet zu sein für alle Eventualitäten. Und auch hierbei gilt: Schau dir die Karten am Ende jedes Tages noch einmal an und reflektiere, was sie dir sagen wollten. Hast du vielleicht etwas übersehen, auf das dich die Karten aufmerksam machen wollten? Gibt es etwas, was du ausblendest, weil du es nicht sehen willst? Manchmal verweigern wir uns bestimmten Herausforderungen, doch darauf können die Karten uns hinweisen. Deshalb sind sie eine Hilfe zur Selbsterkenntnis.

Wenn du wissen willst, was in den nächsten zwölf Monaten auf dich zukommt, kannst du für jeden Monat drei Karten auslegen. Nachdem du gut gemischt hast, legst du jeweils die drei obersten Karten an den Platz für den jeweiligen Monat. Die drei Karten geben dir für jeden Monat eine Hauptaussage, welche den gewählten Zeitraum am stärksten prägen wird. Dabei muss es sich nicht nur um äußere Begebenheiten handeln, sondern es kann auch auf emotionales oder seelisches Befinden hindeuten.

Sehr hilfreich ist auch die Entscheidungslegung. Sie dient als Hilfestellung, wenn du an einem Scheideweg in deinem Leben stehst. Wenn du nicht weißt, welchen Weg du einschlagen sollst. Wenn es also darum geht, zwei Möglichkeiten gegeneinander abzuwägen und du Unterstützung bei der Entscheidungsfindung brauchst.

Es können zwar keine ja/nein Fragen beantwortet werden, aber die Karten können dir helfen Tendenzen zu erkennen. Bei dieser Legung werden dir zwei Wege aufgezeigt. Letztendlich entscheidest du selbst, welcher der bessere und stimmigere Weg ist. Nicht immer ist der leichtere Weg auch der richtige, denn in dem etwas schwierigeren stecken vielleicht Herausforderungen drin, an denen du wachsen und dich weiterentwickeln kannst. Auch das gilt es bei der Entscheidungsfindung zu beachten. Die Karten zwingen dich nicht, einen bestimmten Weg zu gehen, sondern sie öffnen dir die Augen für die Möglichkeiten, die dir zur Verfügung stehen. Die Entscheidung liegt letztlich immer bei dir selbst.

Thematisch ist dieses Legesystem für alle Situationen anwendbar, die eine Entscheidung erfordern. Ob du über einen Jobwechsel nachdenkst, dich auf eine Beziehung einlässt oder eine beenden willst, der Umzug zum Thema wird, du vor finanziellen Entscheidungen stehst oder dich mit Alternativen zu anderen Themen konfrontiert siehst – durch dieses Legesystem kannst du Unterstützung bekommen. Siehe sie als eine wertvolle Hilfe zur Entscheidung an.

Das bei weitem aussagekräftigste und interessanteste Legeschema ist das „Große Blatt". Mit ihm lassen sich komplexe Fragestellungen deuten und in großer Tiefe analysieren. Denn hierbei werden alle 36 Karten ausgelegt. Dabei muss nicht unbedingt eine bestimmte Frage gestellt werden. Auch wenn die sehr detaillierten Antworten im Lenormand das anbieten.

Es eignet sich besonders dafür, wenn du mehr über deine Zukunft wissen willst, ohne eine konkrete Frage zu haben. Lass dir Zeit beim Mischen und konzentriere dich dabei auf alle deine Lebensbereiche, die gerade wichtig für dich sind. In diesem Legeschema erfährst du etwas über deine gegenwärtige Situation und wie sich deine Zukunft entwickeln wird. Ist sie nicht so, wie du dir das vorstellst, betrachtet man die Karten, die die Vergangenheit beleuchten. Denn hier können noch Altlasten zu erkennen sein, die es zu bearbeiten gilt. Im Großen Blatt findest du Hinweise und Aussagen zu allen Bereichen deines Lebens, die dir zeigen, worauf du im Moment achten solltest, egal ob es sich um Beziehung, Beruf oder Finanzen handelt. Auch gesundheitliche Hinweise sind zu finden, falls sie für dich von Bedeutung sind.

Die Karten stehen in Beziehung zueinander und können nach bestimmten Regeln kombiniert werden. So ergeben die Karten der großen Tafel eine ausführliche Geschichte und können auch bis weit in Vergangenheit und Zukunft schauen. Das große Blatt ist nun mal die umfassendste Form des Lenormand und bietet deshalb auch eine Fülle von Antworten. Hat man aber beispielsweise zu einem Thema mehrere Fragen, ist es das perfekte Legesystem, um diese im Detail zu beantworten.

Die beliebtesten und am häufigsten konsultierten Themen sind:

Liebe, Erfolg, Familie, Kinder, Zukunft, Geld

... und natürlich viele mehr. Jedes Thema und jede noch so spezifische Frage findet im großen Haus eine Antwort.

Die Hinweise, die du zu deiner Zukunft bekommst, können dir helfen, dein Verhalten in der Gegenwart zu verändern. Du kannst andere Entscheidungen treffen oder deine Einstellung zu bestimmten Situationen, Menschen oder Befindlichkeiten ändern. Du kannst deine Optionen abwägen und im Jetzt deine Zukunft neu schreiben.

Kartenlegen erklärt und misst, wie deine eigenen Motive, Absichten und Entscheidungen die Richtung deines Lebens ändern. Mit anderen Worten: Machst du es richtig, kann sich dein Leben in allen Bereichen positiv verändern.

Die Karten können deine Zukunft entsprechend deiner aktuellen Wirklichkeit zeigen und mehr über deine Gegenwart erzählen. Die Gegenwart ist entscheidend, denn schließlich ist sie der Wegbereiter der Zukunft. Ohne es zu merken, schränken wir uns oft ein und halten uns auf verschiedene Arten und in verschiedenen Bereichen unseres Lebens unbewusst vom eigenen Erfolg ab. Werden wir uns dieser Tendenz aber bewusst, können wir dieses Problem erkennen und es aktiv bearbeiten.

2. Akasha

Was genau versteht man unter einer Akasha-Lesung? Dazu muss ich erst einmal wissen, was die Akasha-Chronik ist. Die Akasha-Chronik ist wie eine riesige Bibliothek im Universum. Eine Sammlung von Energien.

Die Akasha kann man als eine Energie definieren, die „Alles was ist" repräsentiert. Deine Akasha-Chronik ist also die Aufzeichnung von allem, was du jemals warst. Und noch viel mehr. In jedes Leben wird die Akasha-Energie mitgebracht.

Nicht alle Menschen glauben an eine Seele, die sich schon viele Male auf dem Planeten inkarniert hat. Da du dieses Buch in Händen hältst, gehe ich davon aus, dass dir das Thema Reinkarnation vertraut ist.

Wenn wir also frühere Leben haben, wie funktioniert dieses System von Reinkarnation und Karma? Man kann es sich wie eine Art Energie-Buchhaltung vorstellen, die über dich Buch führt – über jeden Ausdruck des Lebens, den du auf der Erde einmal hattest und noch haben wirst.

Karmische Energie ist Bestandteil der Akasha. Sei dir bewusst: Du hast viele Leben gelebt. Du hattest viele andere Leben. Diese Leben bauen energetisch aufeinander auf und die Erfahrungen aus vergangenen Leben bilden die Potenziale deiner derzeitigen Lebenserfahrung. Dieses uralte System nennt man „Karma".

Alte Seelen kommen aus einem bestimmten Grund zurück: Wir haben die Chance, die Schwingung der Erde zu erhöhen, indem wir viele Male reinkarnieren – das ist der Ausdruck des Lebens, der eine Lernmöglichkeit darstellt. Durch dieses Lernen kannst du die Schwingung des Planeten erhöhen - oder auch nicht. Das ist deine Entscheidung, die freie Wahl, die du hast.

Alles im Leben besteht aus Energie. Unser Körper ist verdichtete Energie, alles um uns herum ist Energie. Aber auch jeder Gedanke und jedes Wort ist Energie. Und Energie kann man wahrnehmen. Sicherlich hast du schon einmal bemerkt, dass eine seltsam gedrückte Stimmung in einem Raum herrscht, wenn hier kurz vor deinem Eintritt ein Streit stattgefunden hat. Du kannst die dicke Luft förmlich spüren. Es ist nicht zu sehen aber zu spüren. Auch das ist Energie. Und Energie geht nicht verloren. Das bedeutet, alles, was wir denken, sagen und tun bleibt energetisch bestehen. Und zwar nicht nur von diesem Leben, sondern auch von all unseren vergangenen Leben.

Das Wort Akasha stammt aus dem Sanskrit und bezeichnet die Energie, aus der alles Leben entsteht. Somit ist die Akasha-Chronik die Sammlung aller Energien aus allen Leben von allen Menschen. Ja sogar die Sammlung von allen Energien aller Lebewesen. Diese riesige Bibliothek beinhaltet symbolisch gesprochen für jeden Menschen ein eigenes Buch, seine eigene Akasha-Chronik. Die Aufzeichnungen seiner Seele.

In der Akasha-Chronik sind alle unsere Reaktionen auf das Leben aufgezeichnet. Alles was wir auf der emotionalen, physischen, mentalen und geistigen Ebene erlebt haben. Wenn wir die lesen können, bekommen wir Zugang zum Kern unseres Seins.

Und jetzt kommt die gute Nachricht. Die Akasha-Chronik ist in unserer DNA abgespeichert. Das heißt, bei der Geburt bekommen wir sie mit. Alles, was wir jemals gewusst oder erfahren haben, steckt dann bereits in uns und wir müssen uns nur daran erinnern. Es kann zu uns zurückkommen, wenn wir erwachen.

In deiner persönlichen Akasha findest du eine multidimensionale Akte über jedes Leben, alle Energien aus dem, was du je erreicht hast, alles Unerledigte (was mit der Lebenslektion zu tun hat), alle Talente und Fähigkeiten, die du über viele Leben hinweg erworben hast, dein spirituelles Wachstum und eine Quantenaufzeichnung über das, was du getan hast und über sämtliche noch bevorstehenden Potenziale.

Die Chronik in deiner DNA dient einerseits der Selbstfindung und der Bewusstwerdung, andererseits aber auch dem Karma und den Lebenslektionen.

Wie findest du den Gedanken, von allem profitieren zu können, was du jemals in einem deiner Leben gemacht hast? Wie findest du die Idee, Zugriff zu haben auf deine Fähigkeiten und Talente?

Alles was es dazu braucht, ist eine Verbindung zum Höheren Selbst herzustellen Um zu erwachen und Zugang zur Akasha-Chronik bekommen zu können und das alte Wissen wieder zu aktivieren.

2.1 Verbindung mit der Akasha-Chronik

Mit der Akasha-Chronik kannst du dich verbinden, denn unser Gehirn und unsere Energiesysteme haben die Fähigkeit dazu. Wir können uns auf dieses Energiefeld einstimmen und Informationen erhalten. Dazu bedarf es einer gewissen persönlichen Reife und der Fähigkeit, sein Energielevel im Körper anzuheben. Das Akasha-Feld befindet sich auf der feinstofflichen Ebene und ist durch eine meditative Haltung und eine bestimmte Atemtechnik zu erreichen.

Wir bekommen die Informationen über unsere inneren Sinnesorgane. So wie wir im physischen Körper Sinnesorgane haben, um sehen, hören, riechen und fühlen zu können, so haben wir das auch auf der geistigen Ebene. Das Hellsehen, Hellhören, Hellwissen, Hellfühlen und Hellriechen sind die inneren Wahrnehmungen, die uns zur Verfügung stehen. Allerdings sind sie selten so gut ausgeprägt wie unsere physischen Sinnesorgane. Daher bedarf es oft eines intensiven Trainings, um diese Wahrnehmungen nutzen zu können. In wieweit die inneren Sinnesorgane schon ausgebildet sind und man mit ihnen Informationen empfangen kann, hängt von jedem selber ab. Jeder kann den Zugang zur Akasha-Chronik finden. Voraussetzung ist spirituelle Offenheit und regelmäßiges Meditieren. Aber ebenso wichtig ist es, sich bei der Akasha-Arbeit mit dem Herzen zu verbinden. Das ist entscheidend, denn so wird die eigene Intuition gestärkt und es wird ermöglicht, den Botschaften, die man empfängt, zu vertrauen.

Bei den Teilnehmern meiner Seminare konnte ich häufig feststellen, dass eins der inneren Sinnesorgane bereits Informationen empfängt. Einige von ihnen sehen Farben oder bekommen innere Bilder. Andere fühlen etwas. Und andere hören etwas, sie haben plötzlich Gedanken, die ihnen eingegeben werden. Durch das regelmäßige Lesen in der Akasha-

Chronik werden dann auch die anderen Sinnesorgane angesprochen und trainiert. Und die Wahrnehmung erweitert sich mit der Zeit.

Den Zugang zur Akasha-Chronik bekommen wir auf vier verschiedenen Ebenen und können an uns arbeiten. Auf der spirituellen Ebene treffen wir die aufgestiegenen Meister und unsere Lehrer, die uns begleiten und unterstützen.

Auf der emotionalen Ebene finden wir emotionale Verletzungen, die aus Schockerlebnissen oder Traumata vergangener Leben herrühren. Nicht aufgelöste Angst, Trauer, oder Verzweiflung zeigen sich in diesem Leben wieder, wenn wir ähnliche Situationen erleben. Diese können wir heilen, indem wir sie bewusst machen und Mitgefühl und Vergebung anwenden.

Auf der mentalen Ebene werden wir mit Glaubensmustern konfrontiert, die uns blockieren, denn mentale Blockaden schüren oft Angst in uns. Wenn wir diese vergangenen Ereignisse ansehen und anders bewerten, positiver bewerten und liebevoll und verständnisvoll anschauen, kann sich unsere Sichtweise ändern und die Angst kann sich auflösen.

Auf der physischen Ebene geht es um körperliche Symptome. Wenn wir unseren Seelenweg nicht erkennen und ihn nicht gehen, manifestieren wir oft Krankheiten. Wenn wir unser Handeln aber verändern, können diese Krankheiten wieder gehen. Oft bringen wir eine Krankheit oder Verletzung aus einem vergangenen Leben mit. Erst wenn wir die Botschaft dahinter erkennen, kann sich die Krankheit auflösen und wir können heilen. Siehe dazu: Louise Hays Buch *Heile deinen Körper*[1].

Im Akasha-Seminar animiere ich die Teilnehmer immer, alle Informationen hochkommen zu lassen. Auch alle Gefühle und Empfindungen.

---

1 Louise Hay: *Heile deinen Körper. Seelisch-geistige Gründe für körperliche Krankheiten und ein ganzheitlicher Weg, sie zu überwinden.* Lüchow, Bielefeld 2009

Egal wie schwer und schmerzhaft sie sind. Dann sollen sie Licht und Liebe in die Situationen fließen lassen, Vergebung und Frieden. Das ist der Schlüssel zur Heilung. Denn letztlich geht es um Heilung.

Die Akasha-Chronik enthält alle Informationen, die dir helfen, Klarheit zu finden. Egal ob es dabei um zwischenmenschliche Beziehungen geht, um deinen Beruf, um Krankheiten oder emotionale Blockaden. Du kannst zu all diesen Fragen wichtige Informationen erhalten, um dich selbst besser zu verstehen und herauszufinden, was du tun kannst, damit sich dein Leben ändert.

Wir alle hatten schon viele frühere Leben, sehr viele. Die früheren Leben tragen bestimmte Konzepte bzw. Programme in die Akasha, die dann weitervererbt werden. Und die sich auf künftige Leben auswirken und hinderlich sein können. Z.B. den Geruch von Pulverdampf verabscheuen, weil man an die Leben erinnert wird, in denen man auf dem Schlachtfeld gekämpft hat. Oder sich nicht zu dicht ans Wasser heranwagen, weil man schon mal ertrunken ist. Oder Angst vor großer Höhe oder vor bestimmten Tieren oder Insekten...

Ein gutes Medium kann Erfahrungen und Blockaden aus der Vergangenheit herausfiltern, die man selbst nicht greifen kann. Damit hat man dann die Möglichkeit, den Einfluss und die Wirkung dieser Erfahrungen zu verändern bzw. die Blockaden zu lösen.

Die Akasha-Chronik ist nicht nur eine Akte darüber, wie oft du hier gewesen bist, sondern es verzeichnet vielmehr. Es zeigt auf wie viel spirituelles Wissen und Lebenserfahrung du im Laufe all deiner Erfahrungen auf dem Planeten erweckt hast. Die Akasha ist eine heilige Bibliothek, die du mitnimmst, die du in jedem Leben dabeihast und auch ins nächste Leben mitnimmst. Sooft du auf den Planeten kommst und gehst, kommen weitere Einträge dazu. Die Akasha hilft dabei mit, das zu entwickeln und zu verändern, wie dein nächstes Leben sein könnte.

Du wirst niemals in einen weniger bewussten Zustand zurückkehren.

Wenn du, im übertragenen Sinn, erst einmal das *„spirituelle Akasha-Gefäß"* geöffnet hast, stehen dir alles spirituelle Lernen und alles erreichte Lernen aus allen Leben zur Verfügung.

Deine Seele ist viele Male inkarniert und hat viel erlebt, erfahren und gelernt. All das ist in deiner Akasha-Chronik abgespeichert. Indem du darin liest, kannst du wieder Zugang zu deinen Talenten und Fähigkeiten bekommen, die noch in dir schlummern. Altes Wissen kann wieder aufsteigen. Du kannst wieder Zugang zu der Weisheit bekommen, die dir innewohnt. Denn all diese Informationen dienen dazu, dich im Jetzt weiter zu bringen und deinen Heilungsprozess zu unterstützen. Sie helfen dir, die Muster aus deiner Vergangenheit aufzulösen und auch die Ursachen deiner Erkrankung oder Blockaden zu erkennen.

Und davon gibt es viele. Gibt es zum Beispiel auch bei dir Orte, an die du immer wieder denken musst oder Länder, in die du auf gar keinen Fall reisen willst? In einem meiner Seminare war eine Teilnehmerin, die äußerst reisefreudig war. Sie hatte schon fast alle Ecken der Welt bereist, aber überraschenderweise war sie noch nie in England gewesen. Ein Wochenendtrip nach London oder als spirituell Interessierte ein Besuch im Steinkreis von Stonehenge hätte doch drin sein müssen. Zumal England so gesehen fast vor unserer Haustür liegt. Aber es zog sie nichts dorthin. Schlimmer noch, sie hatte eine Aversion gegen England als Reiseziel.

Bei der Akasha-Lesung konnten wir dann herausfinden, dass sie in mehreren vergangenen Leben schlimme Erfahrungen dort gemacht hat - von Trauma über Folter bis hin zu Tod. Das alles saß noch tief in ihr drin und beeinflusste sie unbewusst. Das galt es nun zu bearbeiten. Sie hat sich ausgiebig mit dem Thema beschäftigt und, auch wenn ich nichts mehr von ihr gehört habe, gehe ich bei ihrer Reisefreudigkeit davon aus, dass England inzwischen nicht mehr tabu ist.

Die Informationen aus der Akasha-Chronik sind sehr vielseitig und immer äußerst hilfreich. Sei dir auch bewusst, dass es dein Geburtsrecht ist, den Zugang zu dieser Quelle zu bekommen und nutze ihn für deine Weiterentwicklung. Wenn du in der Akasha-Chronik lesen willst, ist es wichtig dir einen geschützten, heiligen Raum zu schaffen, in dem du dich bei der Meditation sicher und gut aufgehoben fühlst. Zünde eine Kerze an, um jegliche negative Energie um dich herum zu verbrennen. Dimme das Licht im Raum, damit sich das Dritte Auge besser konzentrieren kann. Sanfte meditative Musik kann helfen, deine Gehirnaktivität in einen ruhigen, traumartigen Zustand zu befördern. Schaffe Wärme und Behaglichkeit, damit sich dein Körper wohlfühlt während der Session.

Nimm dir einen Augenblick Zeit, um dich mit deinem Herzen zu verbinden. Das ist der entscheidende Teil, wenn du mit der Akasha arbeiten willst. So wird deine Intuition gestärkt und es wird dir möglich, den Botschaften zu vertrauen, die du empfängst.

Wie genau du in die Akasha- Bibliothek gelangst und dort in deiner Chronik lesen kannst, dazu ist das Buch „Akasha-Chronik"[2] von Gabrielle Orr eine hilfreiche Anleitung.

Nach einer Akasha-Sitzung solltest du etwas essen, um dich zu erden. Denn wenn du geerdet bist, bist du in der Balance und Harmonie mit dir selbst. Du hast Stabilität in deinem physischen und emotionalen Körper. Du fühlst dich ruhig und hast einen gesunden Energiefluss in allen Chakren. Wenn du nicht gut geerdet bist, merkst du das auch daran, dass du unruhig bist, angespannt, zerstreut und abgelenkt. Du hast dann zu viel oder zu wenig Energie. Du solltest auch reichlich Wasser trinken und dich bewegen. Gehe raus in die Natur, tanze in deiner Wohnung und singe oder töne. All das bringt deine Energie wieder ins

---

2 Gabrielle Orr: *Akasha-Chronik.OneTtrue Love. Der praktische Leitfaden, um das Buch deines Lebens zu lesen.* Ansata-Verlag 2015

Gleichgewicht und stärkt deine unteren Chakren.

Im Seminar gibt es eine Übung, wo wir Informationen über andere Menschen erfragen. Ungefragt darf ich das nur, wenn dieser Mensch etwas mit mir zu tun hat und ich dadurch Informationen über mich bekomme, die mir helfen mich weiterzuentwickeln.

Wir schließen auf Seelenebene immer wieder Verträge mit anderen Seelen ab, die oft noch nicht erfüllt sind, wenn die Inkarnation zu Ende ist. Daher kannst du in diesem Leben noch an alte Beziehungsverträge, Eheverträge oder Geschäftsverträge gebunden sein. Diese Verträge rauben dir Lebenskraft und schränken dich ein. Deshalb ist es wichtig hinsichtlich dieser gestörten zwischenmenschlichen Beziehungen danach zu fragen. Dabei richten sich diese Fragen darauf, was du über die Beziehung dieser Person zu dir wissen sollst, was du aus der Akasha-Chronik über sie erfahren darfst, was du wissen musst, um die Beziehung heilen zu können, und was du wissen musst, um diese Person oder die Situation, in der ihr steckt, verstehen zu können.

Folgende hilfreiche Affirmation dazu fand ich bei *Amanda Romania*[3]:

> Ich löse alle Verträge auf, die ich in Raum und Zeit
> geschlossen habe und die mir nicht länger dienen.
> Ich befreie mich von allen Bindungen,
> die meine spirituelle Entwicklung behindern.
> Ich nehme die Liebe, das Licht und die Weisheit,
> Die mich umgeben, in mich auf.
> Ich segne mich und vergebe meinem Verstand.
> Ich bin frei, um neue heilige Verträge der Freude,
> des Friedens und des Glücks zu schließen.

---

3 Amanda Romana: *Akasha-Therapie.Den Seelenplan klären, das Leben heilen.* Ansata-Verlag 2013

2.2 Beispiele von Akasha-Lesungen

Welche Art von Informationen erhalten wir bei der Akasha-Lesung? Wie sieht so eine Lesung aus? Was ist in vergangenen Leben geschehen und was haben wir erlebt und als schmerzhafte Erfahrung verdrängt? Wie beeinflusst das unser jetziges Leben und was können wir tun, um Heilung zu erfahren?

Ich habe im Folgenden einige Lesungen beschrieben, die dir zeigen, wie die Informationen aussehen, die sich in der Akasha-Chronik zeigen. Ich nehme sie als Bilder wahr, doch oft kommt auch ein konkretes Gefühl dazu hoch. Ich habe diese Lesungen sehr ausführlich beschrieben, damit du die Möglichkeit hast dich beim Lesen in das jeweilige Leben hinein zu spüren und einen emotionalen Eindruck zu bekommen.

2.2.1 Australien

Diese Lesung ist für eine Klientin, die schon im Ruhestand ist, und das innere Bedürfnis verspürt, mehr über ihr Potenzial zu erfahren. Sie will sich spirituell weiter entwickeln, da sie jetzt die Zeit hat, sich darum zu kümmern und sie mehr über sich selbst erfahren will.

Ich nehme dich da zu einer Zeit wahr, wo England den australischen Kontinent besiedelt hat. Du bist einer dieser englischen Siedler, die dort Land gekauft haben und sich niedergelassen haben. Aber anders als deine Landsleute hast du einen guten Draht zu den Ureinwohnern. Du hast dich mit ihnen angefreundet, weil du fasziniert bist von ihrer Lebensweise, von ihrer Naturverbundenheit, von ihren Riten und ihren Traditionen. Die Ureinwohner vertrauen dir und du vertraust ihnen. Das geht sogar so weit, dass du eine Aborigine heiratest. Sie nehmen dich in ihren Stamm auf und du kannst ganz viel von ihnen lernen. Von ihrer Verbundenheit zur Natur, von diesem Einssein, von diesem achtsamen und respektvollen Umgang mit der Natur, mit den Tieren, mit den Pflanzen. Du nimmst auch sehr viel Heilwissen in dir auf.

Durch deine intensive freundschaftliche Verbundenheit zu den Ureinwohnern machst du dir aber keine Freunde unter deinen Landsleuten. Denn die betrachten die Ureinwohner als minderwertig und beuten sie aus. Sie gehen sehr roh und grob mit ihnen um und achten sie nicht. Deshalb bist du auch unter den Siedlern ein Außenseiter. Aber das stört dich nicht weiter, weil du deine Familie im Grunde genommen bei den Ureinwohnern gefunden hast. Das was dich damals zu ihnen hingezogen hat, hat vielleicht damit zu tun, dass du schon bereits ein Leben als Aborigine gehabt hast und du durch diese Verbundenheit wieder daran erinnert wurdest.

Vieles was du damals gelernt hast, was du auch an eigenen Erfahrungen machen durftest im Umgang mit dem Wissen der Aborigines, ist in dir verankert. Das ist in dir abgespeichert. Es steht dir auch in diesem Leben zur Verfügung. Deshalb tauche einfach mal ein in dieses Leben und spüre, wie du dich damals dort in Australien gefühlt hast. Du bist dort hingezogen, hast das Land gekauft, hast dir eine Farm aufgebaut, und hast die Hilfe der Aborigines in Anspruch genommen. Hast die Freundschaft gespürt, die zwischen euch entsteht. Die Verbundenheit. Spüre einfach mal, was dir die Freundschaft dieser Menschen gegeben hat. Wie verstanden und gut aufgehoben du dich gefühlt hast. Im Gegensatz zu dem Kontakt mit deinen Landsleuten, die alle nur sehr rau, wild und geldgierig waren.

Verbinde dich auch noch mal mit den Riten, die du mit ihnen geteilt hast. An denen sie dich teilhaben ließen. Das Wissen, dass du dort vermittelt bekommen hast. Wie du hautnah dabei warst, wenn sie Heilungen vollzogen haben. Wenn sie Rituale abgehalten haben. Spüre rein, wie du dich damals gefühlt hast. Wie verbunden, wie gefühlvoll euer Umgang miteinander war. Dieses Einssein, das Zusammengehörigkeitsgefühl.

All das Wissen und die Erfahrungen dieses Volkes sind in dir abgespeichert. Darauf kannst du jederzeit Zugriff nehmen. Wenn du dich mit diesem Leben verbindest, dann erkläre einfach innerlich die Absicht, dass all dieses Wissen, all diese Erfahrungen, diese Weisheit aus dem damaligen Leben jetzt wieder aktiviert werden darf. Sie darf wieder hochkommen. Und Teil deines Lebens werden. Vielleicht fühlst du dich dann hingezogen zu Büchern über Aborigines, oder zu Dokumentationen oder schaust im Internet, was du findest. Das sind aber alles nur Erinnerungshilfen, die es dir leichter machen, dieses alte Wissen wieder aufsteigen zu lassen. Es steckt in dir drin und kann, wenn es wieder aufsteigt, dein Leben ungemein bereichern. Was immer du auch damit anfängst. Und wenn du dich damit einfach nur vollkommener fühlst, beschenkt und reicher.

2.2.2 Galeerensklave

Die Klientin, für die die folgende Lesung war, hatte berufliche Probleme. Sie hatte zwar großes Potenzial, aber kam nicht vorwärts. Immer wenn sich der nächste Karriereschritt ankündigte, blockierte sie sich selber und musste sich erneut hocharbeiten.

Ich nehme dich da als einen Mann wahr, der in einem früheren Leben auf einer Galeere gefangen ist und als Galeerensklave am Ruder sitzt. Du musst stundenlang am Tag rudern und es ist eine sehr anstrengende und kräftezehrende Arbeit. Ihr werdet auch immer wieder vom Aufseher geschlagen, wenn ihr nicht schnell und kraftvoll genug rudert. Ihr seid viele Sklaven, die im Bauch dieses Schiffes angekettet leben und dieses große Schiff vorwärtsbewegen. Ihr habt ein sehr schweres Dasein.

Du bist aus deinem Heimatdorf geraubt worden und als Sklave auf dieses Galeerenschiff verkauft worden und du haderst hier mit deinem Schicksal. In dir stecken sehr zwiespältige Gefühle. Zum einen diese Wut auf den Aufseher, der euch immer wieder schlägt und drangsaliert, der Zorn auf das Schicksal, das dir widerfahren ist, aber zum anderen auch diese Hilflosigkeit dem Schicksal gegenüber, die Machtlosigkeit und Verzweiflung. All das sind Gefühle, die sich immer wieder in dir ausbreiten und dein tägliches Leben bestimmen. Es ist ein schweres, anstrengendes und zermürbendes Leben.

Eines Tages schafft ihr es aber, euch zu befreien. Ihr habt eine Meuterei gemacht und euch all der Menschen entledigt, die euch vorher das Leben schwer gemacht haben. Aber ihr wisst auch, dass ihr mit diesem Schiff in keinem Hafen anlegen könnt, denn ihr würdet sofort zum Tode verurteilt werden.

Du findest einen Weg, heimlich das Schiff zu verlassen, und machst dich auf den Weg in deine Heimat. Es ist ein anstrengender Weg, doch nach einer langen Wanderung kommst du zuhause wieder an. Aber niemand darf wissen, dass du da bist. Denn wenn dich die Obrigkeit entdeckt, droht dir die Todesstrafe. Also musst du hier im Ort ein heimliches Dasein fristen, immer mit der Angst entdeckt zu werden. Du bist zwar in Sicherheit, du kannst hier mit deiner Familie leben, weil dich die Dorfbewohner auch decken, aber du musst dich immer versteckt halten. Du musst aufpassen, dass du nicht entdeckt wirst.

Und dieses Muster sich zu verstecken, sich nicht zu zeigen, weil es lebensgefährlich sein könnte, dieses Muster hat sich in dir verinnerlicht und das ist etwas, was sich auch in diesem Leben immer wieder zeigen kann und dich in bestimmten Situationen blockiert. Denn wenn wir solche Muster nicht auflösen, dann existieren sie auch in den folgenden Inkarnationen und beeinflussen uns und vertiefen sich dann auch noch.

Und dieses Muster nicht gesehen zu werden aus Angst, dass einem etwas passieren könnte, ist auch etwas, das dich beruflich blockieren kann. Denn immer, wenn du erfolgreich wirst, wenn du gesehen wirst als jemand, der etwas bewegen kann, greift dieses Muster wieder und es macht sich diese Angst breit, dass dir etwas passieren könnte und dann stellst du dir unbewusst ein Bein und fällst quasi wieder auf der Erfolgsleiter runter. Du blockierst dich selber durch diese Angst, die noch in dir steckt.

Deshalb ist es ganz wichtig, dass du dich mit diesem damaligen Leben auseinandersetzt und hinein spürst, wie es sich angefühlt hat. Wie furchtbar dieses Leben auf der Galeere gewesen ist und dann aber die Freude wieder zuhause zu sein. Aber da diese Angst zu spüren. Diese Angst vor Entdeckung, vor der Strafe. Geh in dieses Gefühl rein. Lass die Angst aufkommen in dir. Nimm sie wahr. Diese Angst steckt ja in dir drin. Also lass sie hochkommen, nimm sie wahr und sage ganz bewusst JA zu ihr. Sie hat dich in späteren Leben möglicherweise davor bewahrt unüberlegte oder riskante Dinge zu tun. Sie hatte auch eine gewisse Schutzfunktion in den künftigen Leben, aber jetzt ist sie nicht mehr nötig, jetzt hindert sie dich. Deshalb nimm sie wahr, sage JA zu ihr, bedanke dich bei ihr, dass sie da war und dann lass sie einfach raus fließen. Nimm sie wahr und spüre sie. Und so, wie du sie spürst, kann sie dann auch allmählich raus fließen. Denn Gefühle wollen einfach nur gefühlt werden. Und wenn man sie fühlt, dann fließen sie auch weg, dann kann man sie loslassen.

Und wenn du dieses Gefühl dann losgelassen hast, dann bist du wieder mehr du selbst. Du agierst dann nicht mehr wie fremdbestimmt in bestimmten Situationen deines Lebens, sondern du kannst dich voll und ganz auf deine eigenen Fähigkeiten, auf dein eigenes Selbst einlassen. Du kannst dir selbst wieder vertrauen. Und kannst mit all deinem Wissen, deinem Können, deinen Fähigkeiten nach außen gehen, ohne dass dich irgendeine Angst dabei blockiert.

Dieses Gefühl, dieses Muster sitzt sehr tief in dir drin und deshalb wirst du dich vermutlich mehrmals mit diesem Leben beschäftigen müssen, bis du es dann aufgelöst hast. Und wenn die dieses Gefühl der Angst hast raus fließen lassen, dann visualisiere das violette Licht der Transformation, das durch dich und durch dieses damalige Leben fließt. Damit alles, was jetzt noch an negativen Energien vorhanden ist, transformiert wird. Und dann kannst du anschließend auch noch visualisieren, wie grünes Licht der Heilung durch dieses Leben fließt. Wenn du dann dieses Leben letztendlich transformiert und geheilt hast, wirst du dich auch in diesem Leben freier und mutiger fühlen. Du traust dich die nächsten Schritte und auch andere Wege in deinem Leben zu gehen. Du hast dann das Selbstvertrauen und den Mut etwas anderes auszuprobieren. Und du wirst damit erfolgreich werden.

2.2.3 Garten

Die folgende Lesung war für eine Klientin, die das unbewusste Gefühl hatte, eine schmerzliche Begebenheit oder Verletzung endlich abschließen zu wollen. Aber sie wusste nicht, was es ist.

Ich nehme dich als eine gutbürgerliche und wohlhabende Frau wahr. Du hast einen wunderschönen Garten, in dem du viel Zeit mit deiner kleinen Tochter verbringst.

Die Kleine ist ein rechter Wildfang, die überall herumklettert. Du schimpfst oft mit ihr, denn sie soll ihr Kleidchen nicht schmutzig machen, und aufpassen, dass es nicht kaputt geht. Aber sie hat nur Kleider, die fürs wilde Toben und Klettern nicht so gut geeignet sind. Du sitzt auf einer Bank und hast etwas Handarbeit, stickst ein bisschen und schaust immer wieder mal zu, wie deine Tochter spielt. Du bist glücklich hier. Dieser Garten ist für dich so etwas wie eine Oase, in die du dich mit deiner Tochter zurückziehen kannst. Wo du dich wohl fühlst fernab von den Sorgen und dem Trubel, der sonst in deinem Leben Raum einnimmt.

Aber eines Tages passiert ein Unglück. Deine Tochter ist beim Klettern auf einem Baum abgerutscht und abgestürzt. Sie hat sich dabei innere Verletzungen zugezogen, die nicht mehr heilen wollen und sie verstirbt dann nach einiger Zeit an den Folgen dieses Unfalls.

Für dich bricht in dem Moment eine Welt zusammen. Du willst es gar nicht wahrhaben, dass deine Tochter tot ist. Du verdrängst es. Aber irgendwann kannst du die Trauer doch zulassen. Aber ab dem Moment, wo du realisierst, dass deine Tochter wirklich verstorben ist, fühlst du dich schuldig an ihrem Tod. Denn du warst immer dabei, wenn sie im Garten gespielt hat. Du hättest aufpassen können. Sie war ein Wirbelwind und sie ist immer überall herumgeklettert, aber du hattest die Aufsichtspflicht und du glaubst, du hättest es verhindern können. Du gibst dir die Schuld daran und das macht dir dein Leben noch schwerer. Nicht nur dass du mit der Trauer fertig werden musst, jetzt hast du auch noch Schuldgefühle.

Du ziehst dich in dich zurück, wirst depressiv, sitzt oft auf der Bank in eurem Garten und hast das Gefühl, deine Tochter kommt jeden Moment um die Ecke gesprungen. Du verkriechst dich in deine eigene innere Welt. Du bist nicht mehr wirklich präsent. In gewisser Weise hast du das Leben für dich abgeschlossen.

Diese Trauer, dieses Schuldgefühl, dass dich dann in die Depression getrieben hat, hat so nachhaltig dein Leben beeinflusst, dass du dann auch irgendwann einige Jahre später verstorben bist. Du hast diese Gefühle nicht aufarbeiten können, nicht loslassen können, sondern sie haben sich fest in dir verankert. Und sie stecken immer noch in dir drin und *beeinflussen dich.*

Deshalb ist es wichtig, dass du dieses Leben einmal anschaust und rein fühlst, wie es dir damals ergangen ist. Wie du dich gefühlt hast. Zum einen, wie du mit deiner Tochter Zeit im Garten verbracht hast und es genossen hast, diese kleine Oase zu haben. Aber dann der Schock, als deine Tochter stirbt. Dass du diese Trauer überhaupt erst zulassen musst. Spüre die Trauer, lass sie in dir hochkommen. Denn du hast sie damals nicht zu Ende bearbeitet. Diese Trauer steckt immer noch drin in dir und dann noch das Gefühl, dass du schuld bist. Nimm auch dieses Gefühl wahr. Lass beide Gefühle bewusst in dir aufsteigen, lasse sie zu, fühle sie. Damit sie rausgehen können.

Und danach solltest du Vergebungsarbeit leisten. Bitte deine Tochter um Vergebung, dass du nicht besser auf sie aufgepasst hast. Und wenn du das gemacht hast, vergib dir selbst. Das ist ganz wichtig. Uns selbst zu vergeben fällt uns immer besonders schwer. Du hast diesen kleinen Wildfang ja nicht anbinden können. Also vergib dir selbst. Du bist nicht schuld gewesen.

Und wenn du diese Vergebungsarbeit gemacht hast, dann lass das violette Licht der Transformation und anschließend auch das grüne Licht der Heilung durchfließen. Visualisiere das eine Weile. Die Gefühle sind sehr tief in dir verankert, so dass das bestimmt nicht beim ersten Mal alles aufgelöst wird und du dieses Leben sicherlich mehrmals bearbeiten musst. Aber wenn du es dann transformiert und geheilt hast, dann sind diese Gefühle in dir aufgelöst. Sie blockieren dich nicht mehr. Das heißt, in bestimmten Situationen deines Lebens, wo du sonst an das damalige Leben durch diese Gefühle erinnert wirst, kannst du anders reagieren. Du bist dann freier und authentischer. Reagierst nicht mehr wie fremdbestimmt, sondern kannst wirklich du selbst sein. Und damit fühlst du dich auch anders. Und das, was du dadurch ausstrahlst, nimmt deine Umgebung auch energetisch wahr und dein Umfeld kann sich dadurch verändern. Also beobachte, wie sich dein Leben verändert, wenn du dieses hier transformiert und geheilt hast.

2.2.4 England

Die folgende Lesung ist für eine Klientin, deren Kinder sich immer mehr von ihr zurückziehen. Eine ihrer Töchter betrachtet die Beziehung zu ihr sogar als gescheitert. Sie ist verzweifelt und weiß nicht, wie sie das Verhältnis zu ihren Kindern verbessern kann.

Ich nehme dich als einen adligen Mann in England wahr, der dem Hochadel angehört. Du hast eine exponierte Stellung am Hofe, bist verheiratet und hast eine erwachsene Tochter. Es ist jetzt an der Zeit, sie zu verheiraten, wobei du die Auswahl des künftigen Bräutigams selber übernimmst. Dabei spielen ganz besondere Aspekte eine Rolle für dich. Standesgemäß ist natürlich Voraussetzung, aber es sind auch noch politische und wirtschaftliche Faktoren bedeutsam.

Deine Tochter hat sich in einen Mann verliebt, der zwar dem Adel angehört, aber nicht sehr wohlhabend ist. Es haben sich andere Männer um sie bemüht und du hast einen ausgesucht, der aus einem wirklich sehr reichen Haus kommt und mit dem du auch deine Pläne verfolgen kannst. Du zwingst deine Tochter in diese Ehe, gegen ihren Willen. Deine Tochter kann dich nicht umstimmen und dich dazu bewegen, einer Liebesheirat zuzustimmen, sondern es geht hier um deine Interessen. Sie muss gehorchen und kann sich dem in keiner Weise widersetzen.

Deine Tochter ist eine sehr fröhliche und hübsche junge Frau, aber dieses lebensfrohe verliert sie in der Ehe. Du bemerkst die Veränderung in ihr. Sie wird zu einer griesgrämigen und zänkischen Ehefrau, auch weil ihr Gatte sich oft außerhalb der Ehe vergnügt und seine Liebschaften pflegt. Du selbst bist in deine eigene Ehe auch gezwungen worden durch den Willen deiner Eltern. Du hast nicht aus Liebe wählen dürfen, sondern es war genauso arrangiert, wie du es mit deiner Tochter gemacht hast.

Deine Tochter ist in ihrer Ehe zutiefst unzufrieden geworden. Du hast es zwar gesehen, aber einfach hingenommen, weil es damals üblich war, dass Ehen arrangiert wurden. Man hat nicht aus Liebe geheiratet, sondern aus Vernunftgründen. Es hat dir daher auch kein schlechtes Gewissen gemacht, zu sehen, wie sich deine Tochter verändert hat. Es war einfach mal der Lauf des Lebens.

Du konntest auch nicht verstehen, dass deine Tochter sich immer mehr von dir entfernt hat und dir ihr Leben lang gegrollt hat. Sie hat dir nie verziehen, dass du sie zu dieser Ehe gezwungen hast. Das hat euer Verhältnis zueinander massiv gestört und sie hat sich vollkommen von dir zurückgezogen. Sie hat sich unverstanden gefühlt und sie hat dir die Schuld an ihrem verkorksten Leben gegeben.

Du hast zwar gespürt, dass sie durch deine Entscheidung unglücklich geworden ist, aber du hast es immer damit gerechtfertigt, dass das eben so üblich war. Dennoch hast du innerlich ein leises Gefühl von Schuld gespürt, dass das, was du deiner Tochter angetan hast, vielleicht doch nicht richtig gewesen ist. Und diese Schuld, die sie dir gegeben hat, Schuld an ihrem verkorksten Leben, das hast du mit dir mitgetragen. Das hat sich bei dir festgesetzt und du bist es auch nicht losgeworden.

Dieses Gefühl von Schuld hat sich in dir verankert und das steckt auch immer noch in dir drin. Es beeinflusst im heutigen Leben unbewusst dein Verhältnis zu deinem eigenen Kind, weil dieses Gefühl nicht aufgelöst wurde. Deshalb ist es ganz wichtig nochmal in dieses alte Leben einzutauchen und zu spüren, wie du dich gerade zum Ende deines Lebens gefühlt hast. Wie einsam du warst, weil deine Tochter sich völlig von dir abgewandt hatte, wie sie dir auch immer nur Vorwürfe gemacht hat, wenn sie dich mal gesehen hat. Ihr habt nur noch miteinander gestritten. *Spüre mal rein, wie du dich da gefühlt hast. Denn eigentlich hättest du es im Alter gern gehabt ein harmonisches Miteinander mit deiner Tochter und deinen Enkelkindern zu erleben. Aber das war dir verwehrt. Spüre rein, wie du dich in dieser Einsamkeit gefühlt hast, diesem zurückgestoßen sein, diesem Schuldgefühl. Lass diese Gefühle in dir aufsteigen, damit sie raus fließen können.*

Und dann ist es ganz wichtig, Vergebungsarbeit zu machen. Vergib deiner Tochter das Verhalten, dass sie dir gegenüber an den Tag gelegt hat. Vergib ihr aus tiefstem Herzen heraus und bitte sie auch um Vergebung für das, was du ihr angetan hast. Dass du sie in diese Ehe hineingezwungen hast. Ganz wichtig: Vergib dir selbst, dass du das getan hast. Dass du damals nicht den Mut hattest, dich gegen den Mainstream zu stellen und deiner Tochter eine Liebesheirat zu erlauben.

Sich selbst zu vergeben ist eine der schwierigsten Dinge, weil man sich schämt für seine Unzulänglichkeit. Die Scham, die da drinsteckt, die musst du spüren und raus fließen lassen. Denn erst dann kannst du dir auch wirklich selbst vergeben. Wenn du das getan hast, dann visualisiere wie violettes Licht durch dieses Leben fließt, damit alle jetzt noch vorhandenen negativen Energien transformiert werden und lass auch anschließend grünes Licht der Heilung fließen. Diese Gefühle sind ganz tief in deinem Unterbewusstsein abgespeichert und es wird mit Sicherheit mehrmals brauchen, bis du dieses Leben tatsächlich transformiert und geheilt hast. Aber wenn du es dann geschafft hast, dann fühlst du auch eine Erleichterung und hast eine andere Ausstrahlung. Es können sich nach der Bearbeitung dieses Lebens Veränderungen in deinem Leben zeigen. Warte ab, was dann passiert. Denn wenn du diese Last losgelassen hast, kannst du leichter die nächsten Schritte in deinem Leben gehen.

2.2.5 Niederlage

Die Klientin, für die die folgende Lesung ist, hat ständig das Gefühl mit ihrer Arbeit überfordert zu sein. Sie fühlt sich unzulänglich, hat ihre Lebensfreude und Energie verloren. Sie fühlt einen seelischen Schmerz in sich und weiß nicht, woher er kommt. Sie hat spirituelle Ausbildungen gemacht und Seminare besucht, kommt aber trotzdem nicht weiter.

Ich nehme dich als einen Mann wahr, der im Krieg ist. Du bist ein sehr erfahrener hochrangiger Offizier, der wichtige Entscheidungen zu treffen hat. Aus deinen langjährigen Erfahrungen heraus bist du der Meinung, den richtigen Überblick zu haben und damit auch die Kompetenz, die entsprechenden Entscheidungen treffen zu können. Du wirst hierbei aber von deinem Ego beeinflusst, weil du dein Können und deine Erfahrung manchmal überschätzt.

Durch eine bestimmte Entscheidung, die du getroffen hast, werden aber viele Soldaten getötet. Der Vorstoß, den du hier vornehmen wolltest, wird abgewehrt. Du erlebst eine sehr heftige Niederlage. Du verlierst viele Soldaten, viel Material und du musst den Rückzug antreten, was deinem Ego überhaupt nicht guttut. Du musst erkennen, dass du falsch entschieden hast. Du hast dich geirrt. Du spürst, dass du schuld am Tod dieser vielen Soldaten bist. Wenn du eine andere Entscheidung getroffen hättest, wenn du auf Ratgeber gehört hättest und überlegter gehandelt hättest, könnten viele dieser Männer noch leben.

Dieses Versagen hat sich in dir eingebrannt. Du bist danach unsicherer geworden in Entscheidungen. Du hast dir selbst nicht mehr vertrauen können, weil du dich überschätzt hast und dein Selbstbewusstsein einen riesigen Knacks bekommen hat. Und du hast dieses Gefühl von Schuld am Tod dieser vielen Menschen zu sein nie überwinden können.

Dieses Gefühl ist in dir verankert und immer noch in deinem Unterbewusstsein drin. Es beeinflusst dich auch manchmal in diesem Leben in bestimmten Situationen. Deshalb ist es ganz wichtig, sich mit dem damaligen Leben zu beschäftigen, um all diese Blockaden aufzulösen, damit du frei sein kannst von dem, was dich noch behindert.

Geh mal rein und spüre, wie du dich gefühlt hast, als du im Zwang stecktest, eine wichtige Handlungsentscheidung zu treffen. Wichtig für den Teil der Armee, der dir unterstellt war. Aber dann hinterher zu merken: Du hast falsch entschieden. Spüre dieses Entsetzen, dieses Gefühl von Versagen und auch das Gefühl von Schuld. Spüre diese Gefühle und lass sie aus dir raus fließen aus. Denn erst, wenn du sie losgelassen hast, kannst du in diesem Leben authentisch agieren. Diese Gefühle sind ganz tief in dir verankert, deshalb lass dir Zeit, um sie allmählich zu lösen. Erst wenn du sie zulässt, du sie spürst, können sie auch raus fließen.

Dann solltest du die Soldaten um Vergebung bitten für deine Fehlentscheidung und ganz wichtig, du solltest dir selbst vergeben. Vergib dir, dass du versagt hast. Dass du zu sehr dir selbst vertraut hast und nicht auf deine Ratgeber gehört hast.

Vergib dir selbst und dann visualisiere wie violettes Licht durch dieses damalige Leben fließt und anschließend das grüne Licht der Heilung.

Wenn du alles losgelassen hast, kannst du dich in diesem Leben mehr auf das konzentrieren, was du wirklich als Potenzial in dir hast. Du kannst dann mehr darauf vertrauen. Du hast ganz viel Erfahrung und Wissen aus vergangenen Leben mitgebracht. Gerade auch aus dem Leben in Russland, wo du in großer Lebensfreude heilerisches Wissen angesammelt hast und dieses Leben in Italien, wo du Glück, Zufriedenheit und Gelassenheit erfahren durftest. All das ist ein Potenzial, das in dir steckt, das du wieder in dein Leben holen kannst. Erinnere dich auch daran, was du in diesem Leben dazu gepackt hast. Was du alles gelernt hast.

All das ist ein Potenzial, das dir zur Verfügung steht, um dich zu verän-
dern und weiterzuentwickeln, aber auch, um es raus zu lassen. Nicht
nur, indem du es ausstrahlst und dein Umfeld damit beeinflusst, sondern
auch, indem du es weitergibst. In dem du dieses Wissen, was du in dir
angesammelt hast, an andere Menschen weitergibst. Das kann ein Teil
deiner Aufgabe sein, die du künftig auch leben wirst. Lass andere teil-
haben an deinem Wissen und an deinen Erfahrungen. Das kann unge-
mein bereichernd sein und dir ein Gefühl von angekommen sein vermit-
teln, von: Deine Lebensaufgabe leben. Lass es zu und schau, wie es sich
bei dir entwickelt. Sei offen für Veränderungen in deinem Leben.

2.2.6 Ankommen

Die folgenden beiden Lesungen sind für eine Klientin, die als Tänzerin
arbeitet und damit schon einen Teil ihrer Kreativität auslebt. Sie möchte
mehr über ihre Potenziale erfahren und darüber, was ihre Seele in diesem Leben erfahren möchte.

Ankommen als Hinweis darauf, dass du in diesem Leben noch nicht ganz
angekommen bist bei dir selbst und bei dem, was in dir steckt. Ich
nehme hier ein Leben wahr, wo du als Zimmermann unterwegs bist. Ein
junger Mann auf der Walz, der also einige Jahre durchs Land reist und
immer wieder bei einem anderen Meister arbeitet, um sich Kenntnisse
und Fähigkeiten für diesen Beruf anzueignen.

Nach einiger Zeit kommst du wieder nach Haus zurück und fängst dort
als Zimmermann an zu arbeiten, wo du dein Wissen und dein Können

einsetzen kannst. Aber nach einer Weile reicht dir das nicht mehr aus. Du möchtest auch andere Sachen machen. Du arbeitest gern mit Holz, aber du hast hier als Zimmermann mehr die groben Arbeiten, wie Türen, Fenster und Dachstühle. Aber du willst künstlerisch etwas bewirken. Du sattelst auf Tischler um und lernst Möbel zu bauen. Du kannst hier deine Kreativität einsetzen. Du machst ganz wundervolle Möbel, die die Menschen erfreuen. Es ist die Zeit im späten Mittelalter, Rokoko oder Barock. Und du findest die Möglichkeit, dich auszudrücken, indem du mit viel Verschnörkelungen und Verzierungen arbeitest. Du drechselst verschnörkelte Füße für die Kommoden oder für den Sekretär oder ganz zauberhafte Stühle, die verschnörkelt und verziert sind. Du kannst wirklich deinem künstlerischen Talent freien Lauf lassen.

Du baust auch ganz wunderbare Schränke, arbeitest mit Intarsien, also du lässt da nichts aus, um etwas Schönes für das Auge zu schaffen. Du hast dann auch eine Klientel, dass sich aus dem reichen Bürgertum und dem Adel rekrutiert. Nichtsdestotrotz baust du auch Schränke, die nicht nur verschnörkelt sind, sondern auch auf wunderbare Weise bemalt wurden. Du stellst ganz wunderbare Bauernschränke her, wie man sie auch aus dem 17. und 18. Jahrhundert kennt mit wunderschönen Malereien, mit Pflanzen, Ranken und Blumen drauf. Du lässt also auch dieses malerische Talent in dir hochkommen und gibst ihm einen Ausdruck. Du hast einen großen Kundenstamm, weil du dir mit deinen Fähigkeiten schöne Möbel herzustellen, einen guten Ruf erarbeitet hast und kannst am Ende deines Lebens auf ein erfülltes Handwerkerleben zurückblicken, das es dir auch ermöglich hat alle Talente, die in dir stecken, zum Ausdruck zu bringen. Du hast deine Talente ins Leben gerufen und du hast sie genutzt, um dich selbst ausdrücken zu können.

Du hast am Ende des Lebens eine gewisse Zufriedenheit in dir gespürt, weil du etwas geschaffen hast, was bleibt. Weil du deinen Talenten, deinen Fähigkeiten, die in dir schlummerten, die Gelegenheit gegeben hast, sie auszuleben. Damit hast du dann eine tiefe Zufriedenheit erfahren können.

Du bist damals angekommen, weil du das alles wirklich ausgelebt hast. Und für dieses Leben besteht die Botschaft darin, dass du in diesem Leben noch nicht angekommen bist. Du sollst noch die Fähigkeiten und Talente, die in dir schlummern, erkennen und sie dann ausleben. Und dieses Erkennen hat etwas damit zu tun, wo du dich hingezogen fühlst. Was macht dir Freude? Wenn du jetzt schon mal mit Tanz, dem Ausdruck deines Körpers, zulassen kannst, dich selbst auszudrücken über die Bewegung und dich der Musik dabei hingibst, so ist das eine Facette von Kreativität. Aber in dir schlummern noch ganz andere Facetten, die ausgelebt werden wollen. Die jetzt auch wohl etwas mit Kreativität zu tun haben, aber auch mit ganz anderen Dingen. Deshalb ist die Botschaft dahinter: Spüre in dich rein, was dir Freude macht. Wofür du dich interessierst, wo es dich hinzieht. Und dem gehe nach und gib ihm Raum in deinem Leben. Das können die unterschiedlichsten Dinge sein und das wirst nur du herausfinden können. Wo fühlst du dich berührt, wo fühlst du dich bewegt, wenn du dich damit beschäftigst oder wenn es dir im Außen begegnet? Versuche, hinein zu spüren, was dir Freude machen würde, und gib dem nach. Versuche daraus eine Erfüllung in deinem Leben zu finden. Was immer das auch sein mag.

2.2.7 Kreativität

Ich nehme dich als einen Mann wahr, der seine künstlerischen Ambitionen auslebt. Du bist Maler und Bildhauer gewesen und hast einen besonderen Blick für die Menschen gehabt, die Menschen in ihrer Bewegung. Du selbst hast dich auch gern bewegt, hast gern getanzt, hast dich der Musik hingegeben. Du hattest ein gutes Gespür für Melodie, für

Rhythmus, Takt und Töne und du hast nicht nur gern getanzt, sondern auch Menschen in ihrer Bewegung beim Tanz beobachtet. Du hast sie dann gemalt, du hast sie dann als Skulpturen nachgebildet. Du hast als Bildhauer tanzende Paare oder die Frau in ihrer Bewegung, wenn sie sich dem Tanz und der Musik hingibt, dargestellt. Für dich ist die Bewegung des Körpers in seiner Grazie, in seiner Anmut und Schönheit etwas gewesen, was dich fasziniert hat und was du als Bildhauer zum Ausdruck bringen wolltest.

Du hattest damals viele besondere kreative Fähigkeiten, die du ausgelebt hast, aber das Wichtigste, was dein Leben überwiegend bestimmt hat, war die Malerei und die Bildhauerei. Und auch in der Malerei waren immer wieder Menschen deine Motive. Menschen, die in der Freude waren, die getanzt, musiziert und gesungen haben, die in der Natur spazieren gegangen sind. Du hast ein gutes Gespür für Menschen und ihre Verbindung zur Umwelt gehabt und hast das in jeglicher Form kreativ dargestellt.

Du hast auch ein Instrument gespielt, ich sehe dich hier am Klavier sitzen, nichts Großartiges, sondern nur für dich, um dich in die Welt der Töne einzuschwingen und deine Kreativität herauszukitzeln. Du hast ganz viel Kreativität gehabt und hast damit das Leben dargestellt. Damit hast du auch anderen Menschen eine Freude gemacht. Du hast viel Anerkennung dafür bekommen, denn die Menschen, die diese Bilder gesehen haben, die deine Skulpturen betrachtet haben, waren immer sehr angetan. Du warst ein erfolgreicher Künstler. Du warst schon zu Lebzeiten sehr erfolgreich, weil du in den Menschen etwas zum Schwingen gebracht hast durch deine Arbeiten.

Das ist ein Talent, das in dir drinsteckt, das du in diesem Leben auch nutzen kannst. Teilweise lebst du es schon aus, indem du dich selber dem Tanz hingibst und durch deine körperlichen Darstellungen Kunst erzeugst und die Menschen in ihrem Herzen berührst, wenn du auf der Bühne tanzt, aber du hast noch andere Fähigkeiten in dir. Und deshalb spüre rein, was dich sonst noch antriggert. Wie du dich selbst und dein Leben ausdrücken kannst. Es muss jetzt nicht unbedingt sein, dass du anfängst zu malen oder dass du ein Instrument lernst. Es gibt viele verschiedene Möglichkeiten Kreativität zum Ausdruck zu bringen. Deshalb spüre rein, was deine Seele will, wo es dich hinzieht. Das kann auch etwas ganz Neuartiges sein, was es noch nicht so lange gibt. Schaue und lass dich inspirieren. Sei offen für das, was dir im Außen begegnet und habe die Absicht, deine Kreativität auszuleben. Alles Weitere wird sich zeigen.

2.2.8 Unruhe

Die Klientin, für die die folgende Lesung ist, war am Ende ihres aktiven Berufslebens angekommen. Da sie jetzt viel Zeit hatte, wollte sie sich mehr um sich selbst kümmern. Sie wollte sich spirituell weiter entwickeln und deshalb wissen, welche unbewussten Blockaden noch in ihr drinstecken und an welchen Themen sie konkret arbeiten sollte.

Ich nehme dich da als einen jungen Mann wahr, der im Kontor seines Vaters eine Ausbildung macht. Dein Vater ist ein Kaufmann. Doch du hast in dir eine tiefe Sehnsucht, die Welt kennenzulernen. Dein intensives Fernweh zieht dich raus in die Welt. Du willst reisen, die Welt erkunden und bringst die Ausbildung zu Ende, um dann erst mal Erfahrungen im Ausland zu sammeln. Das ist es, worauf du dich freust, worauf du hinarbeitest. Dieses Fernweh treibt dich regelrecht hinaus.

Aber du verliebst dich. Deine Liebste wird von dir schwanger, ihr heiratet und das Kind kommt. Jetzt hast du Verantwortung, jetzt kannst du nicht einfach weggehen und reisen. Du musst hierbleiben und dein Kind großziehen. Es kommen weitere Kinder. Du schiebst das Reisen immer ein Stückchen weiter weg. Später, wenn die Kinder aus dem gröbsten raus sind, dann wirst du fahren, dann wirst du die Welt erkunden, denn du spürst nach wie vor dieses innere Fernweh. Diese innere Unruhe, die dich vorwärtstreibt.

Dein Vater wird alt und krank. Du übernimmst das Kontor. Jetzt hast du noch mehr Verantwortung. Und dann arbeitest du darauf hin, dass dein erster Sohn groß und alt genug ist, um selber in dem Kontor arbeiten und dich ablösen zu können, und dann willst du endlich reisen.

Du hast immer diese innere Unruhe, du musst hier raus, du musst die Welt sehen. Und so allmählich entwickelt sich eine Unzufriedenheit in dir, weil du einfach nicht wegkommst. Immer ist irgendetwas, was dich hier festhält. Als dein ältester Sohn endlich soweit ist, dass er dich im Kontor ablösen kann, bist du aber selber inzwischen so alt und müde geworden, dass du jetzt nicht mehr reisen kannst.

Dadurch steigert sich deine innere Unzufriedenheit immer mehr, weil du spürst, dass du den Zeitpunkt verpasst hast, wo du dieses Fernweh hättest stillen können. Es ist immer noch in dir drin, aber jetzt kommt noch die Unzufriedenheit dazu, dass es inzwischen zu spät ist.

Das hat sich in dir verankert. Deine Unzufriedenheit hast du dann auch die Familie spüren lassen. Weil sie letztendlich schuld daran war, dass du nicht reisen konntest. Doch du hast deine Frau aus Liebe geheiratet, du hast diese Familie aus Liebe gegründet. Du warst in einem Zwiespalt. Deine Familie hast du von Herzen geliebt, aber du hast ihr auch die Schuld daran gegeben, dass du nicht wegkonntest.

Diese Gefühle, diese innere Unruhe und das Fernweh, diese Unzufriedenheit ist etwas, was sich in dir festgesetzt hat. Das steckt noch unbewusst in dir drin. Das kann dich auch in diesem Leben in bestimmten Situationen unbewusst beeinflusst haben.

Vielleicht hast du auch öfter mal Reiselust empfunden und es hat sich aber nicht die Möglichkeit dafür ergeben. Vielleicht aber hast du diese Reiselust auch ausleben können. Diese Gefühle von damals können immer noch in dir blockierend stecken und dich beeinflussen und deshalb ist es wichtig, dass du dich mit dem damaligen Leben nochmal verbindest. Eintauchst und rein spürst, wie du dich damals gefühlt hast. Wie du als junger Mensch einfach nur auf den Zeitpunkt hingearbeitet hast, wo deine Ausbildung abgeschlossen ist und du endlich los reisen kannst. Aber dich durch die Liebe festgehalten fühltest. Du hättest auch gehen können. Aber die Liebe war stärker.

Und dann zu spüren, dass immer noch nicht der richtige Zeitpunkt zum Aufbrechen gekommen ist, dann aber wahrzunehmen, dass der Körper inzwischen alt und müde ist. Dass es zu spät geworden ist. Spüre mal diese innere Unruhe in dir. Und lass sie raus fließen. Spüre vor allen Dingen auch die Unzufriedenheit, die dich dann ganz stark geprägt hat. Spüre diese Unzufriedenheit und lass sie hochkommen. Sie darf gehen. Und dann vergib dir selbst, dass du deiner Familie späterhin das Leben schwer gemacht hast aus deiner Unzufriedenheit heraus, dass du deine Frau und die Kinder verletzt hast mit deinen Worten. Vergib dir selbst und bitte auch deine Frau und deine Kinder um Vergebung.

Wenn du dieses Leben dann loslassen kannst, dann wirst du dich leichter fühlen und dann kannst du dich auch leichter mit den Gegebenheiten in deinem jetzigen Leben abfinden und nicht mehr mit dir hadern, dass du vielleicht Gelegenheiten nicht nutzen konntest oder verpasst hast.

2.2.9 Indien

Die folgende Lesung ist für eine Klientin, deren Anliegen es war ihre Berufung zu finden. Sie spürte, dass sich in ihrem Leben etwas ändern will, konnte es aber noch nicht klar definieren.

Ich nehme dich als einen alten weisen Mann in Indien wahr, einen Guru, der Schüler auf ihrem spirituellen Weg begleitet und führt. Du gibst all dein Wissen, das du dir im Laufe deines Lebens angeeignet hast an interessierte junge Menschen weiter. Deine Schüler sind alle handverlesen, denn du nimmst nur Schüler an, die wirklich bereit sind, sich deiner Führung anzuvertrauen und diesen Weg der Selbsterkenntnis und Bewusstseinsentwicklung ernsthaft zu gehen.

Du meditierst selber sehr viel, hast im Laufe der Jahre eine sehr offene Verbindung zur geistigen Welt aufbauen können, denn du bist schon in dieses Leben mit der Lebensaufgabe eingetreten, deine spirituelle Weiterentwicklung voranzutreiben. Das hast du dein ganzes Leben lang stringent verfolgt.

Du hast viel mit dir selber gearbeitet, hast dich dem Dienst an den Menschen hingegeben und hast im Laufe deines Lebens sehr viele Erfahrungen gewonnen, dir sehr viele Kenntnisse angeeignet, die du dann jetzt im hohen Alter an deine Schüler weitergibst.

Ich nehme auch wahr, wie du leicht über dem Boden schwebst. Das heißt, du hast die Technik der Levitation verinnerlicht. Du kannst durch eine bestimmte Erhöhung der Schwingungsfrequenz deines Körpers einen Schwebezustand erreichen. Du hast sehr viele energetische Techniken erlernt, die dir teilweise auch von der geistigen Welt übermittelt wurden. Du hast durch die Fokussierung auf deinen inneren Mittelpunkt die Möglichkeit deine innere Sonne anzuheizen und Wärme zu erzeugen. Hitze im Körper zu erzeugen, wenn es draußen kalt ist, was gerade im Winter sehr hilfreich ist.

All dein Können gibst du im Alter an deine Schüler weiter, weil du willst, dass dieses Wissen nicht verloren geht, sondern weiterlebt. Und nicht nur in einem einzelnen Schüler, sondern in möglichst vielen, damit sich dieses Wissen auch verbreiten kann. Verbreiten kann bei den Menschen, die ernsthaft daran interessiert sind.

Das was du im damaligen Leben erlebt und erfahren hast, all das was du dir an Fähigkeiten, Kenntnissen und Wissen angeeignet hast, auch die Fähigkeit des Lehrens, der Führung von Menschen, all das ist in dir abgespeichert. Das steckt alles in deinem Unterbewusstsein drin.

Verbinde dich intensiv mit diesem Leben, fühle hinein, wie es dir damals ergangen ist, wie du damals gelebt und gewirkt hast. Dann kann all das aus deinem Unterbewusstsein langsam wieder aufsteigen. Und es kann sehr hilfreich sein, wenn du an dieser Stelle bewusst die Absicht erklärst, dieses Wissen und dieses Leben jetzt wieder zu reaktivieren. All das darf wieder ins Bewusstsein kommen, um dir in diesem Leben zur Verfügung zu stehen. Es kann dein Leben bereichern und kann dir neue Möglichkeiten und Wege zeigen, die du dann, wenn du es möchtest, auch gehen kannst. Dieses Leben ist wie ein Geschenk, das du mitgebracht hast in das jetzige Leben. Das du im Grunde genommen nur auspacken musst, um es nutzen zu können. Deshalb fühle intensiv rein, wie du damals als Guru gelebt hast, wie du dir dein Wissen selber durch Erfahrung angeeignet hast und wie du es weitervermittelt hast. In liebevoller aber auch sehr strenger Lehrerschaft. All das ist ein Teil von dir. Du musst es dir nur bewusst machen, damit du es wieder nutzen kannst.

2.2.10 Orgelbauer

Der Klient, für den die folgende Lesung war, ist in seinem Leben an einem Punkt angekommen, wo er sich für die Spiritualität öffnet. Es war ihm wichtig, zu erfahren, was für ein Potenzial in ihm steckt, wo er noch blockiert ist und was er selber tun kann für seine Weiterentwicklung.

Ich nehme dich als einen Jungen wahr, der immer gern in die Kirche geht, um den Orgelklängen zuzuhören. Du gehst auch außerhalb des Gottesdienstes rein, wenn der Kantor auf der Orgel übt. Du bist begeistert von den Klängen, schaust interessiert zu, wie er spielt und welche Töne er aus den Orgelpfeifen hervorzaubert. Dich begeistert die Technik dahinter, wie das zustande kommt. Du hast ein tiefes Gefühl, eine tiefe Empfindung und Freude, wenn du diese Töne hörst, und es weckt dein Interesse daran, wie man diese Töne erzeugen kann.

Es gibt in der Nähe einen Orgelbauer, der immer dann kommt, wenn die Orgel repariert werden muss. Als du älter wirst, gehst du zu ihm in die Lehre. Du lernst Orgelbauer, du lernst natürlich auch, die Orgel zu spielen, denn du musst ja dein Gehör schulen. Und es verzaubert dich, aus diesem Instrument diese wunderbaren Töne hervorzuholen.

Es ist eine Arbeit, die dich aus tiefstem Herzen fasziniert und befriedigt. Du bist sehr lange bei diesem Orgelbauer und als er dann alt und krank wird, übernimmst du seine Werkstatt. Du hast jetzt schon sehr viele Aufträge mit ihm gemeinsam bearbeitet, hast viele Erfahrungen gesammelt, bist ein richtiger Experte geworden, wenn es um das Reparieren von Orgeln geht. Ihr habt auch zusammen neue Orgeln gebaut.

Diese Arbeit bringt dich immer wieder in die Kirchen und lässt dich dort den Klängen der Orgel lauschen und auch selber spielen.

Du hast eine tiefe Verbundenheit zu dieser Musik. Sie löst etwas in dir aus, bringt etwas in dir zum Schwingen, was dich glücklich macht, was dich mit höheren Sphären verbindet. Wenn du an der Orgel sitzt und spielst, um zu prüfen, ob die Töne korrekt sind, ob es harmonisch klingt, *dann ist es, als wenn du anfängst zu schweben. Es macht etwas mit dir. Es erzeugt eine Frequenz in dir, eine Schwingungsfrequenz, die dich anhebt. Das macht dich zutiefst glücklich, verbindet dich mit einer Sphäre, die du immer wieder erleben willst.*

Diese Erfahrungen, die du im damaligen Leben mit dem Orgelbauen und der Musik gemacht hast, auch diese Schwingungen, diese Frequenzen zu erleben, und wie sie im Körper wirken, wie du sie wahrnimmst und fühlst und was sie mit dir machen - all das ist in dir abgespeichert.

Spüre mal in dieses damalige Leben rein, wie es dir gegangen ist, wenn du vor der Orgel gesessen, in die Tasten gegriffen und wunderbare Töne hervorgezaubert hast. Wie du auch mit Akribie und Genauigkeit die einzelnen Orgelpfeifen gerichtet hast, gefeilt und gekürzt, sie auf den richtigen Ton eingestimmt hast. Spüre rein, wie befriedigend diese Arbeit war und was die Musik mit dir gemacht hat.

Dann darfst du auch hier sagen, dass all das wieder in dein Bewusstsein gelangen darf. Es darf wieder reaktiviert werden und Teil deines jetzigen Lebens werden. Es kann dein jetziges Leben ungemein bereichern, wenn du diese Erfahrungen wieder zulässt. Es ist etwas, was ganz tief in dir schlummert und jetzt wieder gelebt werden will.

Vielleicht hast du die Möglichkeit in deiner Nähe in eine Kirche zu gehen und zuzuhören, wenn der Kantor Orgel spielt. Das muss jetzt nicht heißen, dass du zum Gottesdienst gehst, sondern nur dann, wenn die Orgel gespielt wird und spüren, was es mit dir macht, wenn du diese Klänge live hörst. Also wenn du direkt in der Kirche bist und die Schwingungen wahrnehmen kannst. Spüre rein, was es mit dir macht, und öffne dich dafür.

2.2.11 Betrübt

Der Klient, für den die nächste Lesung ist, leidet extrem unter Ängsten. Nach einem großen finanziellen Verlust, der seine Existenzängste verstärkte, hat er kaum Kontakt zu anderen Menschen außer zur Familie. Die Angst vor Ablehnung oder zerbrechen von Beziehungen, hält ihn davon ab, sich anderen Menschen zuzuwenden.

Ich sehe hier ein Leben, das von sehr viel Trübsal, Traurigkeit und Betroffenheit gekennzeichnet ist. Du hast eine Kindheit erlebt, in der du mit deinen Eltern die ersten Jahre glücklich warst. Vielleicht so 5 – 6 Jahre. Aber dann sind deine Eltern durch einen Unfall ums Leben gekommen und du kamst ins Waisenhaus. Von einem Tag auf den anderen warst du allein. Du hast dich verlassen, einsam und unverstanden gefühlt, du warst wie in einer Schockstarre. Du konntest das Leben nicht verstehen und du hattest große Mühe, dich in diesem Waisenhaus einzuleben.

Dort herrschte ein strenges Reglement, eiserne Disziplin. Ihr hattet auch oft Hunger, weil es nicht immer genug zu essen gab. Du konntest dort den Verlust deiner Eltern nicht verarbeiten und bist in eine trübsinnige Stimmung gefallen. Du hast auch keine richtigen Freunde gefunden, weil du dich immer abgesondert hast. Du konntest nicht verstehen, warum deine Eltern sterben mussten.

Sie konnten nichts dafür. Der Unfall war nicht ihre Schuld, trotzdem waren sie nicht mehr da und du warst von heute auf morgen allein. Damit musstest du klarkommen. Du bist im Waisenhaus ein Eigenbrötler geworden, hast dich immer abseits gehalten. Weil du dich unverstanden und abgelehnt gefühlt hast.

Du warst einsam und hast niemand an dich herangelassen, weil du Angst hattest, erneut verletzt und wieder verlassen zu werden.

Als du dann erwachsen wurdest und das Waisenhaus verlassen konntest, hast du einen Beruf erlernt und hast für dich sorgen können. Du hast dich irgendwie durchs Leben laviert. Aber du hast es nie geschafft, eine eigene Familie zu gründen. Immer wenn du dich verliebt hast, wenn du eine Frau kennengelernt hast, die dein Herz berührt hat, die es geschafft hat, diese harte Schale zu durchbrechen, hast du so geklammert, dass sie unter deiner Liebe und deiner Fürsorge fast erstickt ist und keine Luft bekommen hat. War es schon schwer genug für dich, dein Herz zu öffnen und dich zu verlieben, so war es doch jedes Mal ein Desaster und endete in einer Enttäuschung.

Diese Beziehungen haben nicht lange gehalten, weil du zu sehr festgehalten hast. Aus Angst den Menschen, den du liebst wieder zu verlieren, hast du ihm nicht die Möglichkeit gelassen, sein eigenes Leben zu leben.

Diese Erfahrungen, die du damals gemacht hast, die zerbrochenen Beziehungen, haben dich geprägt, haben dich dann letztlich noch mehr zu einem Eigenbrötler gemacht und haben dich davon abgehalten Freundschaften zu schließen oder neue Beziehungen einzugehen.

Das was du im damaligen Leben erlebt hast, hat dich geprägt, und hat dich dieses Leben in einem Zustand von Betroffenheit, von Traurigkeit, von Trübsal verbringen lassen. Es fehlte in diesem Leben die Lebensfreude, die Leichtigkeit, die Liebe.

Das, was du damals erlebt hast, ist in dir abgespeichert. Du hast den Verlust deiner Eltern nicht aufarbeiten können, du hast die Trauer um sie nicht zugelassen, sondern verdrängt. Weil das alles zu schmerzhaft und zu schwer gewesen ist.

All das steckt noch drin und zieht unbewusst Situationen in dein Leben, die dich wieder mit diesen Gefühlen konfrontieren. Deshalb ist es wichtig, dass du dich mit diesem Leben auseinandersetzt und versuchst es zu bearbeiten. Tauche in dieses Leben ein, verbinde dich damit und spüre rein, wie du dich gefühlt hast.

Du hattest die ersten Kindheitsjahre mit deinen Eltern in Geborgenheit, Liebe und Freude verlebt. Aber dann dieser plötzliche Bruch in deinem Leben. Die Eltern tot. Der Schock, den du bekommen hast. Die Traurigkeit, die du nicht zulassen konntest.

Verbinde dich mit all diesen Gefühlen, die dich damals geprägt haben. Nimm sie wahr, lass sie aufsteigen. Sage JA zu ihnen. Denn sie stecken in dir drin. Du hast sie nur verdrängt, weil es zu schmerzhaft war, sie zu erleben.

Erst wenn du diese Gefühle hochkommen lässt, wenn du sie fühlst, können sie auch gehen. Denn Gefühle wollen gefühlt werden, das ist ihre Aufgabe. Weil sie auf etwas hinweisen wollen. Und wenn du diese Gefühle dann loslassen kannst, weil du sie gefühlt hast, dann wirst du dich auch leichter fühlen. Dann wirst du solche Situationen nicht mehr in dein Leben ziehen, sondern du kannst mehr Lebensfreude zulassen.

Dieses Leben ist sehr tief in dir verankert. Du wirst es wahrscheinlich mehrmals bearbeiten müssen, um es zu heilen. Aber wenn du es dann geheilt hast, wirst du dich auch leichter fühlen. Dann wirst du mit mehr Freude, mehr Mut und Selbstbewusstsein in die Zukunft schauen können.

2.2.12 Nautik

Die folgende Lesung ist für eine Klientin, die sich schon einige Zeit auf ihrem spirituellen Weg befindet, aber immer wieder auf Stolpersteine stößt. Häufig hat sie mit gesundheitlichen Problemen zu tun, die sie sich nicht erklären kann.

Ich nehme dich im späten Mittelalter als einen Seemann wahr. Du bist ein versierter Steuermann auf einem Handelsschiff, die rechte Hand des Kapitäns, der sich auf dich verlässt. Die Nautik ist etwas, was du dir im Laufe deines Seefahrerlebens angeeignet hast und du bist mit Leib und Seele Seefahrer.

Du hast zuhause eine Familie, die du siehst, wenn du von deinen Fahrten zurückkommst, aber dein Fernweh treibt dich an, wieder rauszufahren, denn das Seefahren ist deine Passion.

Im Laufe der Jahre wurden deine Augen schlechter und du konntest nicht mehr so gut sehen. Damals musste man sich viel auf die Sterne verlassen, aber durch das verminderte Sehvermögen hast du die Sterne nicht mehr so gut erkennen können. Du hast eine gewisse Orientierungslosigkeit gespürt und durch diese schlechte Sicht haben sich Fehler eingeschlichen bei deiner Arbeit. Du hast gemerkt, dass du nicht mehr so gut sehen kannst, aber du wolltest es dir nicht eingestehen. Wenn du das gemacht hättest und auch dem Kapitän gegenüber aufrichtig und ehrlich gewesen wärst, hätte er dich von deiner Arbeit entbunden. Aber du wolltest diese Arbeit nicht verlieren, denn du warst mit Leib und Seele Steuermann.

Durch einen sehr schwerwiegenden Fehler, der auf deine Augen zurückzuführen war, geriet das Schiff in einen heftigen Sturm und ist dabei gekentert und untergegangen und die gesamte Mannschaft ist ertrunken. Noch in der Minute deines Todes wurde dir bewusst, dass du am Untergang des Schiffes und am Tod der vielen Matrosen schuld bist, weil du nicht den Mut gehabt hast zu deiner körperlichen Beeinträchtigung zu stehen und sie offenkundig zu machen.

Diese Schuld, die du auf dich geladen hast, und auch das Bewusstsein, feige gewesen zu sein, nicht dazu stehen zu können, was dich körperlich beeinträchtigt, all das hat sich in der Minute deines Todes in dir verankert.

Das ist in dir drin und beeinflusst dich auch im heutigen Leben in bestimmten Situationen. Deshalb ist es wichtig, dass du dich mit dem damaligen Leben beschäftigst und nochmal rein spürst, wie du dich gefühlt hast. Vor allen Dingen, wie du dich gefühlt hast, als du gemerkt hast, dass deine Sehkraft nachlässt. Welche Gefühle du dabei hattest. Die Angst vor dem Verlust deiner Arbeit, die Angst vor dem weiteren Verlust deiner Sehkraft, vor Erblindung.

Diese Ängste und Bedenken, die du hattest, nimm sie wahr und lass sie hochkommen. Lass sie aus dir raus fließen. Dann spüre das Gefühl der Schuld, das du in dem Moment hattest. Schuld zu sein an der Situation, in der ihr euch dann befunden habt. Nimm auch dieses Gefühl der Schuld wahr und lass es raus, lass es los. Dann vergib dir selbst, dass du nicht zu deiner körperlichen Beeinträchtigung gestanden hast, dass du sie nicht offenkundig gemacht hast. Vergib dir selbst aus tiefstem Herzen, denn das ist besonders wichtig.

Dieses Leben, die Erfahrung, die Emotionen, die abgespeichert sind, sind sehr tief in dir verankert. Aber wenn du es endgültig losgelassen hast, wirst du merken, dass sich etwas in dir verändert. Dass du eine Last loswirst. Denn so ein Schuldgefühl, das drückt unbewusst wie eine Last auf den Schultern. Kann sein, dass du dich dann auch körperlich leichter fühlst. Auf jeden Fall mental und emotional, so dass du mehr Freude in deinem Leben zulassen kannst.

Du solltest auch in diesem Leben schauen, was blockiert dich körperlich, was beeinträchtigt dich in deiner Gesundheit. Was ist es und wie stehst du dazu? Einfach mal bei körperlichen Symptomen bewusst zu hinterfragen, was will es mir sagen? Wenn z.B. deine Sehfähigkeit nachlässt, dann kannst du mit der Frage rangehen: Wovor verschließe ich die Augen? Was will ich nicht sehen? Es ist so, dass die Seele über körperliche Symptome mit uns sprechen will, uns sagen will, dass hier etwas nicht in Ordnung ist und man kann dann hinterfragen: Was genau ist es denn? Auch darauf will dich dieses damalige Leben hinweisen. Dass du im heutigen Leben reflektierst, wo stehst du körperlich und wo gibt es Beeinträchtigungen, wie gehst du damit um und warum hast du sie.

Das wichtigste in einer Akasha-Lesung sind die Gefühle, die wir wiederfinden. Sie dürfen uns wieder bewusst werden. Denn es sind besonders die schmerzhaften Gefühle, die wir aus den damaligen Leben mitgenommen haben und die uns zu schaffen machen. Die Erinnerung an die Situationen und an die Bilder von damals helfen uns, an die verdrängten Gefühle heranzukommen. Diese Gefühle sind das alles Entscheidende, das uns in diesem Leben behindert und blockiert.

Es gibt aber auch schöne Gefühle, die wir abgespeichert haben, an die wir uns wieder erinnern dürfen und die uns dadurch in diesem Leben unterstützen können. Wenn du schon einmal ein Leben in Freude und Leichtigkeit gelebt hast, ein Leben in Wohlstand und Glück, dann ist das eine Erfahrung, die du mitgebracht hast, an die du dich wieder erinnern darfst. Denn es sagt dir, dass du schon einmal gewusst hast, wie so ein Leben geht. Wie man das erschafft. An diese Fähigkeit erinnere dich und dann kannst du sie in diesem Leben anwenden, um genau DAS Leben zu kreieren, von dem du schon immer geträumt hast. Wir haben viele ungelöste Themen, Probleme und Blockaden aus vergangenen Leben mitgebracht. Wir haben alle schon Leben sowohl in Reichtum als auch in Armut geführt, waren Adlige oder Bettler. Aber das soll uns nicht daran hindern, auch an die schönen Dinge zu denken, die wir erlebt haben.

Wie so ein Leben in Glück und Zufriedenheit ausgesehen haben kann und wie es auch im jetzigen Leben wieder wirken kann, zeigt folgende Lesung.

2.2.13 Der Winzer

Ich nehme dich als einen Winzer wahr, der am Abend vor seinem Haus auf einer Bank sitzt, die Pfeife in der Hand hält und genüsslich raucht. Er lässt seinen Blick wohlgefällig über den Weinberg schweifen.

Du hast diesen Weinberg von deinen Eltern geerbt, du liebst ihn, denn du bist selber hier geboren und aufgewachsen. Du kennst nichts anderes als den Weinberg. Du bist hier richtig verwachsen und zufrieden. Du strahlst eine Ruhe und Gelassenheit aus, so wie du dort auf der Bank sitzt, eine Zufriedenheit, ein in sich ruhen und mit sich selbst zufrieden sein. Deine Frau werkelt noch in der Küche, um Ordnung zu machen. Die Kinder gehen ins Bett. Deine Frau, die du aus Liebe geheiratet hast, und mit der du auch in Liebe Kinder gezeugt hast, arbeitet fleißig mit, soweit sie es kann.

Jetzt ist die Zeit, wo die Weinlese angefangen hat. Ihr habt einen anstrengenden Tag hinter euch, aber du bist zufrieden mit dir. Du bist zufrieden mit deinem Leben, mit dem, was dich ausmacht. Du hast hier ein Leben in Liebe, in Freude, in Zufriedenheit gelebt, das sich auch als Erfahrung in dir abgespeichert hat. So wie ich das Bild hier wahrnehme und ihr mitten in der Weinlese seid, ist abzusehen, dass es wieder eine gute Ernte wird, dass sie euch wieder reichen Ertrag bringt. Es fühlt sich auch so an, als wenn ihr zwar nicht reich, doch aber schon fast wohlhabend seid. Denn der Weinberg ernährt euch und beschert euch ein gutes Leben. Ein Leben, wo immer genug von allem da ist, wo ihr euch keine Sorgen machen müsst. Selbst wenn mal ein Jahr nicht so ertragreich ist, geht es euch gut.

Das, was du in dem damaligen Leben erlebt hast, diese Freude, diese Zufriedenheit, dieses verwachsen sein mit deiner Scholle, dem Weinberg, Glück mit der Familie, gutes Einkommen, diese wirklich innere Zufriedenheit mit dem gesamten Leben, das ist etwas, was sich in dir abgespeichert hat. Es ist wunderbare Erfahrung, die sich auch wie ein Ferienleben oder Urlaubsleben anfühlt. Wo du nicht mit großen Herausforderungen und Problemen kämpfen musstest. Klar gab es auch alltägliche Probleme, aber es ist ein Leben, das relativ glatt verlief. Wo sich deine Seele ein wenig erholen konnte. Und diese Erfahrung, ein Leben in Glück und Zufriedenheit gelebt zu haben, ist etwas, was dir gehört, weil du es erlebt hast. Du kannst dich mit diesem Leben als Winzer wieder verbinden. Du kannst die Gefühle aus dem damaligen Leben wieder in dir aufsteigen lassen. Spüre mal rein, wie du dich da gefühlt hast, wenn du abends nach getaner Arbeit zufrieden auf der Bank gesessen hast, deine Pfeife geraucht hast, mit deiner Frau noch ein Glas Wein getrunken hast, und einfach mal rundum zufrieden warst. Müde aber zufrieden.

Spüre das mal. Fühle das mit jeder Faser deines Körpers. Lass diese Gefühle aufsteigen in dir. Diese Zufriedenheit, die Gelassenheit, das stille Glück, das du genossen hast. All das darf wieder in dir hochkommen. Reaktiviere die Erinnerungen an das damalige Leben. Wenn du diese Gefühle wieder hochkommen lässt und sie immer wieder spürst, strahlst du das auch aus und das, was du ausstrahlst, ziehst du auch wieder in dein Leben hinein. Du kannst dich mit diesem damaligen Leben wieder verbinden und eintauchen in diese Gefühle. Du kannst auch innerlich die Absicht erklären: „Ich habe bereits ein Leben in Glück und Zufriedenheit geführt. Und das will ich in diesem Leben auch wieder. Ich habe es schon mal erlebt, ich weiß wie es geht und das darf jetzt wieder reaktiviert werden."

Erkläre das bestimmt in dir, spüre rein in das Leben und dann warte ab, was in der nächsten Zeit passiert.

Hier noch ein weiteres Leben, das mit schönen und positiven Gefühlen verbunden ist.

2.2.14 Freude und Zufriedenheit

Ich nehme ein Leben wahr, das du in großer Freude gelebt hast. In Leichtigkeit, Freude und Glück. Du hast damals auf einem Hof gelebt, einem Bauernhof und du warst sehr glücklich verheiratet. Du durftest auch tatsächlich den Mann heiraten, den du liebtest. Er hatte von seinen Eltern einen großen Hof geerbt und eigentlich sollte er standesgemäß heiraten. Aber seine Eltern waren sehr verständnisvoll, sehr liebevoll und haben ihm gestattet, die Frau, die er liebt zu heiraten.

Du bist auf diesen Hof gekommen und bist hier sehr liebevoll aufgenommen worden, auch wenn du selber nicht viel hattest. Die Liebe hat im Prinzip dein ganzes Leben überstrahlt. Ihr habt gemeinsam Kinder bekommen, in Liebe gezeugt, die euer Glück komplett gemacht haben. Ihr habt sie gemeinsam aufgezogen in einer Umgebung von Liebe, Verständnis und Toleranz.

Es war zwar ein körperlich anstrengendes Leben auf diesem Hof. Ihr hattet viel Arbeit, aber ihr hattet auch Unterstützung. Es war ein sehr großer und erfolgreicher Hof. Ihr hattet viele gute Ernten, hattet auch viele Tiere und natürlich auch Knechte und Mägde, die euch unterstützt haben.

*Wenn ihr dann abends gemeinsam auf einer Bank vor dem Haus geses-
sen habt, und den Feierabend genossen habt, vielleicht bei einem Glas
Wein, dann hast du wirklich das Gefühl von Erfüllung in deinem Leben
gehabt. Du warst glücklich hier auf dieser Scholle, die euch gehörte. Du
warst glücklich mit deinem Mann und deinen Kindern. Du hattest ein
gutes Verhältnis zu deinen Schwiegereltern. Es war rundum ein schönes,
glückliches und erfülltes Leben. Ein Leben in Freude, Leichtigkeit und
Glück.*

*Auch wenn es mit viel Arbeit verbunden war, so gab es doch keine gro-
ßen Dramen, es gab keine Verluste, sondern es war einfach wie ein Ferienleben. Deine Seele konnte sich einmal ausruhen von all den schwierigen Inkarnationen, Herausforderungen und Dramen, die sie erlebt hat.
Von all diesen karmischen Verstrickungen. Sie konnte einfach mal nur
sein. So ein bisschen die Seele baumeln lassen.*

*Dieses Leben, das du damals gelebt hast, das du auch wirklich in Freude
bis zum hohen Lebensalter erlebt hast, diese Erfahrung ist in dir abgespeichert. Wo deine Kinder im Alter für dich da waren, sie euch auf dem
Hof immer unterstützt haben, den Hof später übernommen haben und
ihr einen ruhigen geruhsamen Lebensabend verleben durftet. Du hast
schon einmal erlebt, wie sich ein Leben anfühlt, wenn es glücklich, zufrieden und schön ist.*

*Geh nochmal in diese Leben rein und spüre, wie du dich gefühlt hast.
Die Liebe, die dich umgeben hat. Der Mann, der dich liebte, die wunderbaren Kinder, die ihre Mama von Herzen liebten. Der Respekt und das
Vertrauen, das deine Schwiegereltern dir entgegenbrachten. Dieses
wunderschöne Sein auf dem Hof, die Zufriedenheit, die Ernten, die Fülle,
die du da erlebt hast. Nimm das alles wahr und spüre rein, wie sich das
anfühlt und dann sage innerlich: Ich habe ein Leben in Liebe, Glück und
Zufriedenheit und Freude gelebt und diese Erfahrung will ich jetzt wieder*

in mein Leben zurückholen.

Aktiviere diese Erfahrung jetzt wieder in deinem Leben. Wenn du diese Gefühle und die Erfahrung jetzt wieder hochkommen lässt, das Bewusstsein dafür, wie sich ein glückliches Leben anfühlen kann, dann strahlst du das auch aus. Dann ist das ein Teil deines Selbst, deines Energiefeldes, das dich umgibt. Und in dem Moment, wo du es ausstrahlst, ziehst du auch entsprechende Situationen in dein Leben, so dass es sich verändern kann. So dass es sich genau in diese Richtung entwickeln kann, die du damals schon einmal gelebt hast.

Tauche ein in dieses Leben, mach das ruhig mehrmals. Mach es öfter. Immer dann, wenn du das Gefühl hast, du brauchst mal wieder Unterstützung, es geht dir grad nicht gut, kannst du dieses Leben als Beispielleben nehmen, um dich dann nochmal hineinfallen zu lassen. Es zu fühlen, zu spüren wie schön es sich angefühlt hat. Wie viel Freude du damals empfangen hast. Wie viel Liebe dich damals umgeben hat. Nimm dieses Leben als ein Geschenk an und aktiviere es für dieses jetzige aktuelle Leben.

Wenn wir nun die Informationen über ein vergangenes Leben bekommen haben und wissen, dass tief in uns Gefühle verankert sind, die uns blockieren, fängt die eigentliche Arbeit erst an. Es geht jetzt darum, diese Gefühle in uns wahrzunehmen, zu fühlen. Denn Gefühle wollen gefühlt werden. Erst dann gehen sie. Aber oft sind Gefühle so schwer zu ertragen, dass wir sie lieber verdrängen, um überhaupt funktionieren zu können. Oder um überleben zu können. Sie sitzen unbemerkt in unserem Unterbewusstsein und haben die unangenehme Eigenschaft, sich immer dann zu melden, wenn es gerade nicht passt. Jedes Mal, wenn wir in Situationen kommen, die uns im weitesten Sinn an das damalige Leben erinnern, kommen sie wieder hoch. Und dann reagieren wir wie fremdbestimmt. Meist wird uns das nicht einmal bewusst.

Um an diese Gefühle heranzukommen, müssen wir uns noch mal in die damalige Situation hineinverdenken. Wir müssen auf der inneren Ebene arbeiten. Nur dort bekommen wir Zugang. Deshalb lassen wir diese Bilder noch mal vor unserem inneren Auge aufsteigen. Diese erinnerten Bilder aus dem vergangenen Leben können die Emotionen aktivieren, die wir damals hatten. Denn unser Gehirn kann nicht unterscheiden zwischen Realität und Phantasiebildern. Wir verbinden uns also nochmal mit dem damaligen Leben und sehen diese inneren Bilder. Dadurch bekommen wir Zugang zu den verdrängten Emotionen.

Dazu müssen wir uns in einen entspannten und meditativen Zustand begeben. Nur wenn wir das Außen loslassen und uns voll und ganz auf diese innere Arbeit einlassen, können sich diese verdrängten Emotionen zeigen.

In dem Fall, wo wir mit Schuldgefühlen belastet sind, gibt es noch etwas anderes zu beachten. Nämlich die Vergebung. Wir können Schuldgefühle nicht auflösen, ohne zu vergeben oder um Vergebung zu bitten. Haben wir tiefgehende emotionale Verletzungen erlitten, müssen wir zuallererst dem anderen vergeben, was er uns angetan hat. All die Schmerzen und Verletzungen, die er uns zugefügt hat, müssen wir erst vergeben, bevor wir die blockierenden Gefühle loslassen können. Genauso wichtig ist es, um Vergebung zu bitten für all das, was wir dem anderen zugefügt haben.

Denn solange wir nicht vergeben und um Vergebung bitten fühlen wir uns weiterhin schuldig. Die schwierigste Aufgabe ist es allerdings, uns selbst zu vergeben. Was immer wir auch getan haben, wir schämen uns vor uns selbst und fühlen uns schuldig. Uns selbst zu vergeben fällt uns am schwersten.

Es gibt viele Techniken zur Verarbeitung und Auflösung der schweren und blockierenden Gefühle. Jeder wird für sich die Geeignete herausfinden können. Für mich haben sich die Gefühlstransformation und die Lichtarbeit als die effektivsten und stärksten Techniken bewährt.

2.3 Lebenslektionen

In jedem Leben haben wir mit Lebenslektionen zu tun. Jeder Mensch hat Lebenslektionen zu lernen. Wenn er eine gelernt hat, muss er sie nie wieder lernen, sondern hat sie in sich. Jede Lebenslektion ist etwas zutiefst Persönliches und hat nichts mit der Familie oder einem karmischen Rhythmus zu tun. Sie ist nur für dich persönlich da und du arbeitest über mehrere Leben hinweg daran. Jeder Mensch ist anders und hat seine eigene Liste „abzuarbeiten". Solche Lebenslektionen können sein z.B.

Lerne zu lieben.

Lerne zuzuhören.

Lerne zu empfangen.

Lerne dich selbst zu lieben.

Lerne die Wahrheit zu sagen.

Lerne, kein Opfer zu sein.

Lerne, dich von niemandem definieren und beschränken zu lassen.

Lerne, deine eigene Meisterschaft zu spüren.

Lerne, anderen nicht mehr die Schuld zu geben.

Lerne, dich mehr um dich selbst zu kümmern als um andere.

Das ist jetzt eine kleine Auswahl an möglichen Lektionen. Es gibt unzählig viele davon. Welche Lektion auf dich zutrifft, musst du selbst herausfinden. Diese Lektionen haben nur etwas mit dir zu tun, wenn es deinem Gefühl nach so ist. Es gibt aber auch viele Lebenslektionen, die für dich gelten, obwohl sie hier in der Liste nicht aufgeführt sind. Jeder Mensch ist anders.

Wie findest du heraus, welche Lebenslektion du lernen sollst? Werde dir bewusst, was deine Achillesferse ist. Auf was reagierst du am stärksten? Was ist deine Aufgabe? Wenn du dir darüber mal Gedanken machst und in dich hinein spürst, wirst du es erkennen.

Wenn du z.B. in diesem Leben lernen willst mit Autoritäten besser klarzukommen, dann hast du dir eventuell einen Vater gesucht, der dich bei jeder Kleinigkeit, die du falsch gemacht hast, gleich geschlagen oder mit Liebesentzug bestraft hat. Dieses Muster setzt sich dann in deinem Leben fort und könnte eine Erklärung dafür sein, dass deine Lehrer immer auf dir herumgehackt haben und du vielleicht auch in der Ausbildung gemobbt wurdest. Hast du dich deshalb immer geduckt und unsichtbar gemacht? Dahinter könnte sich deine Lebensaufgabe verbergen.

Eine Lebenslektion hat nichts mit Karma zu tun, sondern ist das große Thema, das sich oft aus dem entwickelt, was mit deiner Energie vorher passiert ist, in vergangenen Leben. Die Lebenslektion von manchen Menschen hat mit Überfluss und Fülle zu tun, bei anderen geht es um die Liebe.

Was hast du für dich in Bezug auf die Liebe geschaffen? Die Liebe zueinander, die Liebe zu deinen Kindern, die Liebe zu deinen Eltern? Was hast du für dich selbst erschaffen? Was ist die Lebenslektion? Wer bist du wirklich?

Wenn du hierherkommst, wählst du eine Lebenslektion aus, die dein Leben verbessert, wenn du daran arbeitest. Du kannst dich frei entscheiden, auch nicht daran zu arbeiten.

Kennst du Leute, die immer wieder im selben Problem feststecken? Man sieht bei ihnen ganz deutlich, dass es nicht funktioniert, und sagt ihnen das vielleicht auch. Sie nicken zustimmend und machen dann genauso weiter wie vorher. Es geht ihnen schlecht und ständig erzählen sie, dass sie es einfach nicht schaffen.

Sie stecken in ihren Dramen fest. Lösen sie ein Problem, taucht schon das nächste auf. Ihre Lebenslektion besteht darin, aus dem Drama auszusteigen. Aber irgendwie ist das auch so eine Art Komfortzone. Sie geben das Drama nicht auf, weil sie davor Angst haben, sich selber anschauen zu müssen, ohne sich an diesen Dramen festhalten zu können, die wie eine Art Krücke fungieren.

Wenn du dir einer Lebenslektion bewusst wirst, kannst du daran arbeiten. Dann verändert sich auch plötzlich ganz viel. Denn die Bewusstheit des Problems ist der Schlüssel zur Veränderung. Du denkst dann anders, wählst dir andere Freunde aus und erzeugst die Ausgeglichenheit, die du dir wünschst.

2.4 Mit der Akasha kommunizieren

Wenn du etwas über dich erfahren möchtest, über das was du mitgebracht hast oder über deine Aufgaben, musst du mit der Akasha kommunizieren. Die Akasha-Energie ist etwas sehr Flüchtiges. Etwas das
man nicht festhalten kann und schwer greifen kann, da es nicht mit dem
Gehirn zu erfassen ist. Es ist keine Funktion des Gehirns. Es kommt hier
zu keinen Gedächtnissynapsen. Es hat etwas mit dem Quantenfeld um
uns herum zu tun. Und da die Akasha in unserer DNA steckt, sind es
Informationen aus der Quantenebene. Hier kommen wir nicht mit unserem Intellekt ran, sondern nur mit unserer Intuition. Die wichtigste Aufgabe, um mit der Akasha arbeiten zu können, besteht darin, die eigene
Intuition zu schulen. Das Werkzeug dazu sitzt interessanterweise wie-
derum im Gehirn. Es ist die Zirbeldrüse. Sie ist das Verbindungsglied
zwischen unserem Gehirn, also der Intelligenz und dem Quantenfeld.

Stell dir alle deine vergangenen Leben als einen vielschichtigen Stapel
vor. Das aktuelle Leben ist ganz oben – hat sozusagen das Oberkom-
mando. Und du hast jetzt die Möglichkeit, die anderen Leben anzuschauen. Wie würdest du es finden, wenn du von allem profitieren könntest, was du in den vielen tausend Jahren erlebt hast? Wenn du alle
Erfahrungen durchkämmen kannst und dir das Beste von all dem her-
aussuchen kannst?

Die wichtigste Voraussetzung ist die Verbindung zu deinem Höheren
Selbst. Du stellst die Verbindung her und plötzlich setzt der Quantenef-
fekt ein, und du bist an all diese Leben gleichzeitig angeschlossen. Du
kannst tief in diesen Leben wühlen, die du durchlebt hast. Du kannst
dich dafür entscheiden, die jeweils besten Teile von allen heraus zu pi-
cken und viele frühere Merkmale zutage zu fördern, um von ihnen

Gebrauch zu machen.

Um die Verbindung zu deinem Höheren Selbst herstellen zu können, muss deine Zirbeldrüse bereit dazu sein. Du kannst das Portal der Zirbeldrüse öffnen und stärken, indem du mit ihr arbeitest. Das heißt immer wieder intensiv meditieren, dein Bewusstsein auf das dritte Auge fokussieren oder auch mit Klängen arbeiten. Leider verkalkt die Zirbeldrüse mit zunehmendem Alter, was an dem vielen Fluorid liegt, das wir auf unterschiedlichen Wegen zu uns nehmen. Fluorid ist giftig und zerstört unser wichtigstes spirituelles Organ. Ich will an dieser Stelle nicht weiter darauf eingehen. Aber ich empfehle dir sehr: Informiere dich darüber im Internet. Google am besten zum Begriff: Aktivierung der Zirbeldrüse.

Manchmal habe ich bei einer Lesung den Hinweis gegeben: Erkläre innerlich die Absicht, dein Potenzial bzw. dein Wissen und deine Fähigkeiten wieder nutzen zu wollen. Wie genau machst du das am besten?

Dazu gehst du meditativ in dich. Verbinde dich mit deiner Seele. Dann konzentriere dich auf das Wissen, die Fähigkeiten und das Können, um das es in dem konkreten Fall geht und sage innerlich: *Ich will jetzt all das, diese Fähigkeiten, das Können und die Erfahrungen in meinem jetzigen Leben nutzen. Es darf mir wieder zur Verfügung stehen. (Benenne die konkreten Fähigkeiten, um die es dir hierbei geht.)*

Bedanke dich und dann warte ab, was in deinem Leben geschieht. Wie und in welcher Form sich all das zeigt. Du darfst gespannt sein.

Dazu gibt es noch einen wichtigen Hinweis. Wir alle haben in dieses Leben ein bestimmtes Karma mitgebracht, das für die vielen Herausforderungen in unserem Leben verantwortlich ist. Aber seit etlichen Jahren gibt es die Möglichkeit sich von diesem Karrma zu befreien. Doch wie genau kannst du das machen?

Dazu ein Zitat aus einem Channeling von Kryon aus dem Buch „Die menschliche Akasha":

„Hier ist ein Überblick über diesen Prozess. Ihr erklärt diese nicht zu Ende gebrachte Energie namens Karma für ungültig, verlasst die Straße der Veranlagung und erzeugt für euch eine neue Energie, als ob ihr ganz ohne Karma auf dem Planeten angekommen wäret. Dadurch ändern sich einige Grundattribute eures Lebens. Eure Ängste fallen von euch ab, denn sie sind Bestandteil des Karmas. Mein Partner hat das gemacht. Er kann aufzeigen, an welchem Punkt das passiert ist. Denn der Mann hier auf dem Stuhl ist ein Ingenieur, dessen linke Gehirnhälfte stark ausgeprägt ist. (Es ist von Lee Carroll die Rede). Er begeisterte sich für den Militärdienst bei der Marine, der ihm bevorstand, und hatte die charakteristischen Züge eines Einsiedlers.

Doch als er zuließ, dass sein Karma seine Gültigkeit verlor, fielen diese Dinge von ihm ab. Jetzt ist seine rechte Gehirnhälfte genauso stark entwickelt wie seine linke. Vieles von dem, mit dem er geboren wurde, ist anscheinend verschwunden... und wurde durch das ersetzt, was er sich wünschte.

Gesegnet ist der Mensch, der diese Wahl trifft, denn anfangs ist es unangenehm, doch dann, wenn diese Menschen erkennen, dass sie jetzt selbst über ihre Zukunft bestimmen können, erhalten sie die Belohnung."[4]

Lee Carroll ist für meine Begriffe ein sehr beeindruckendes Beispiel für die Veränderungen, die wir selber initnitiiereniieren können. Als ihn der Ruf ereilte, Channel für die kosmische Wesenheit Kryon zu sein, hob er abwehrend die Hände und sagte, er kann das nicht. Er ist ein introvertierter Mensch, der nicht vor anderen Menschen sprechen kann. Er wird nervös, wenn er vor Menschen sprechen soll, bekommt feuchte Hände

---

4 „Die menschliche Akasha" Monika Moranyi, KOHA-Verlag GmbH Burgrain, 2015

und er kann auch nicht schreiben.

Aber etwas in ihm veränderte sich. Denn er hatte diese Fähigkeiten bereits in sich und sie mussten nur wieder aktiviert werden. Heute channelt er live auf der Bühne vor einem großen Publikum und hat schon viele Bücher geschrieben, die allesamt Bestseller wurden und in verschiedene Sprachen übersetzt wurden.

3. Gefühlstransformation

Gefühle machen etwas mit uns, sie beeinflussen uns in unserem Denken und Handeln. Unbewusst lassen wir zu, dass wir das machen, was die Gefühle von uns wollen. Sie haben Macht über uns. Und deshalb sollten wir ihnen nicht immer vertrauen, sondern genau hinschauen. Deshalb ist es auch so wichtig, dass wir unser Augenmerk auf sie richten und uns näher mit ihnen beschäftigen. Denn Gefühle sind das alles Entscheidende, sie steuern uns.

Ich habe hier Beispiele zusammengetragen, die verdeutlichen können, wie das mit den Gefühlen funktioniert. Was Gefühle mit uns machen. Das sind jetzt keine weltbewegenden Beispiele, sondern einfache Dinge aus dem Alltag. Aber sie zeigen, wie uns Gefühle in unserem Handeln beeinflussen.

Das erste Beispiel ist von einer Klientin, die sich seit längerem mit dem Thema Ernährungsumstellung auseinandersetzt. Sie ist auf dem Weg sich fast ausschließlich vegetarisch zu ernähren. Trotzdem hat sie kürzlich wieder mal Hähnchenschenkel gekauft. Sie legt sie in den Kühlschrank, und als sie ihn später wieder aufmacht, weht ihr ein unangenehmer Geruch entgegen. Dieser widerliche Geruch kommt von dem Fleisch. Jedenfalls empfindet ihre Nase das so. Das Fleisch ist durchaus in Ordnung, aber nicht für sie. Ihr Körper gibt ihr mit dem unangenehmen Geruch zu verstehen, dass er das Fleisch nicht mehr will. Es löste Ekel in ihr aus. Sie hat diese Information, die das Gefühl transportiert hat, aufgenommen und dann entschieden, ab sofort kein Fleisch mehr zu essen.

Warum hat sie es überhaupt gekauft? Als sie die Hähnchenschenkel in der Auslage gesehen hat, kamen unbewusst aus der Erinnerung alte

Bilder hoch. Sie konnte sich erinnern, wie lecker das gebratene Fleisch schmeckt. Ein Gefühl von köstlich und schmackhaft. Also ein durchaus angenehmes Gefühl. Aber das ist ein Gefühl aus der Vergangenheit. Ein Gefühl, das heute keine Bedeutung mehr hat. Es ist nur eine Erinnerung an vergangene Esserlebnisse. Dieses Gefühl aus der Erinnerung heraus war der Auslöser für den Kauf. Ein Kauf, der heute keinen Sinn mehr machte und den sie hinterher bereut hat.

Die Gefühle haben sie gesteuert in dem Moment, wo sie das Fleisch gekauft hat und dann haben die Gefühle sie darauf aufmerksam gemacht, dass der Körper es nicht mehr will. Deswegen können Gefühle einmal trügerisch sein, andererseits aber auch sehr hilfreich. Wir wollen den Gefühlen nicht mehr ausgeliefert sein, sondern sie für unser Fortkommen nutzen. Als Informationsträger. Gefühle sind Informationsträger. Nachdem sie kein Fleisch mehr gegessen hat ging es ihr gut. Sie hat jetzt mehr Freude im Leben, beschäftigt sich mit vegetarischen Rezepten und sagt mir immer, wie glücklich sie ist, dass sie endlich auf ihren Körper hört.

Das zweite Beispiel kommt von einer Klientin, die auf einer Dating Plattform einen Mann kennen gelernt hat. Nachdem sie einige Male miteinander telefoniert hatten und sich sympathisch waren, stand das erste Treffen an. Doch als sie dem Mann gegenübersteht, merkt sie, dass sie sein Körpergeruch stört. Was sie in dem Moment nicht weiß: Dieser Körpergeruch hat medizinische Ursachen. Für ihre sensible Nase fühlte sich das unangenehm an. Das hatte in ihr das Gefühl ausgelöst, sie kann diesen Mann nicht riechen. Am liebsten hätte sie gleich wieder kehrtgemacht. Aber sie ist höflich und geht mit ihm essen. Dabei lernt sie ihn als geistreich und humorvoll kennen. Sie werden für einige Jahre ein Paar. Letztlich hält diese Partnerschaft zwar nicht und geht in die Brüche. Aber sie hat über mehrere Jahre wunderschöne Erlebnisse gehabt und viele Erfahrungen sammeln können und ist durchaus bereichert aus dieser Beziehung hervorgegangen. Hätte sie ihrem ersten Gefühl, dass sie den Mann nicht riechen kann, nachgegeben, wären ihr wunderbare Erfahrungen und wichtige Erkenntnisse in ihrem Leben entgangen.

Das letzte Beispiel betrifft mich selbst. Ich habe lange Jahre in einer Bank gearbeitet und wollte in den Vorruhestand gehen. Aber es gab für mich keine Möglichkeit. Erst als ich anfing, mit meinen Gefühlen zu arbeiten, veränderte sich die Situation. Ich fand nämlich heraus, dass ich einen Mangel an Anerkennung und Wertschätzung hatte. Den konnte ich bei meiner täglichen Arbeit ausgleichen, da ich sehr erfolgreich war und mir viel Lob und Anerkennung geschenkt wurde. Das waren lobende Äußerungen meines Chefs, finanzielle Boni und ein Aufstieg auf der Karriereleiter. Diese Anerkennung hätte ich zu Hause nicht gehabt. Deshalb hatte ich den Vorruhestand unbewusst selber blockiert.

Ich musste mich diesem Gefühl stellen und es bearbeiten. Erst als ich dieses Mangelgefühl aufgelöst und geheilt hatte, wendete sich das Blatt. Schon wenige Wochen später bekam ich das Angebot für den Vorruhestand. Dabei erfuhr ich, dass ich schon mal auf einer Liste von potenziellen Kollegen gestanden hatte. Man hatte mich aber aus nichtigen Gründen wieder gestrichen. Durch die Arbeit mit den Gefühlen hat sich mein Leben vollkommen verändert. Denn ich konnte mich jetzt meiner spirituellen Arbeit widmen und bin sehr glücklich darüber.

Gefühle können eine gewaltige Macht haben. Du hast bestimmt schon mal erlebt, wie es sich anfühlt, wenn man verliebt ist. Wenn man Schmetterlinge im Bauch hat, wenn sich alles leicht anfühlt und das ganze Leben einem wunderbar vorkommt. Das Gegenteil dazu ist das **Broken**-**Heart**-Syndrom. Wenn man in der Liebe enttäuscht wurde oder einen geliebten Menschen verloren hat. Wenn einem buchstäblich das Herz bricht. Beim **Broken**-**Heart**-Syndrom kommt es zu einem plötzlichen Funktionsverlust des Herzens, mit Symptomen, die einem Herzinfarkt ähneln und sogar tödlich enden können. Auslöser ist massiver emotionaler oder körperlicher Stress. Die Erkrankung kann im akuten Stadium sehr gefährlich sein – aber anschließend erholt sich das Herz meistens wieder.

Du siehst also, Gefühle sind nicht ohne und sie haben große Auswirkungen auf uns. Deshalb ist es auch so wichtig, dass wir uns mit ihnen auseinandersetzen, sie bewusst wahrnehmen und bearbeiten. Sie auflösen und heilen. Damit sich das Leben verändert, leichter und schöner wird.

Gefühle regeln nicht nur unsere mentalen, sondern auch unsere körperlichen Zustände. Denn sie bereiten uns darauf vor, richtig zu reagieren. Sie bewegen uns dazu, uns zu schützen und angemessen zu verhalten, womit wir unser Überleben sichern. Wie zum Beispiel zur rechten Zeit zu fliehen oder anzugreifen, Nahrung zu suchen oder sexuell aktiv zu werden. Gefühle helfen, eine Situation zu bewerten. Meistens geschieht das unbewusst.

Dieser intuitive Eindruck, dass etwas nicht stimmt oder genau richtig ist, ist auch im Körper spürbar. Nämlich über das Bauchgefühl. Deshalb treffen wir Entscheidungen auch häufig aus dem Bauch heraus.

Wenn wir Gefühle im Körper wahrnehmen, fühlt sich das manchmal schön an und manchmal eher unangenehm. Manche körperlichen Gefühle sind auch in der Alltagssprache wiederzufinden. Da steigt einem die Schamesröte ins Gesicht, die Angst schnürt einem die Brust zu und die Frage: Ist dir eine Laus über die Leber gelaufen? - kennt wohl jeder. Wenn jemand frisch verliebt ist hat er ein eher warmes angenehmes Gefühl im Körper, spürt „Schmetterlinge im Bauch", wohingegen schon mancher kurz vor der Hochzeit „kalte Füße" bekommen hat.

Ein finnisches Forscherteam hat herausgefunden, dass Gefühle mit konkreten Empfindungen in bestimmten Körperregionen verbunden sind. Die Anatomie der Gefühle zeigt uns, wo man welche Gefühle spüren kann. Dieses Forscherteam hat eine Körperkarte der Gefühle erstellt, auf der zu sehen ist, dass Emotionen wie Wut, Angst oder Freude tatsächlich in bestimmten Körperteilen spürbar werden.

Scham sieht auf der Anatomie der Gefühle fast genauso aus wie Überraschung. Beide befallen den Kopf und vor allem die Wangen. Nicht umsonst bekommt man einen roten Kopf, wenn einem etwas peinlich ist oder Unerwartetes passiert. Angst verspürten die Probanden vor allem im Bereich des Oberkörpers, am stärksten in der Umgebung des Herzens. Die Wahrnehmung der Gefühle entspricht messbaren Körperfunktionen, schreiben die Forscher. So verändern sich bei Angst vor allem Herzschlag und Atmung, was sich schwerpunktmäßig im Oberkörper wahrnehmen lässt. Auch die Muskeln spannen sich dabei an. Wer Angst hat, meint keine Luft mehr zu kriegen, verspürt Enge in der Brust. Bei emotionalem Stress werden Herz und Kreislauf mit Hormonen überflutet. Adrenalin gelangt in die Blutbahn und wirkt auf Herz, Gefäße, Magen und Darm. Noradrenalin verengt kleine Arterien, so dass sich der Blutdruck erhöht.

Der Brustbereich ist der zentrale Bereich für fast alle Gefühle. Die meisten der Grundgefühle sorgen für eine gesteigerte körperliche Empfindung im oberen Brustbereich - das könnte mit einer Veränderung der Atemfrequenz und des Herzschlags zu tun haben, konstatiert das Forscherteam. Gesteigerte Empfindungen im Bereich der oberen Gliedmaßen traten am stärksten bei den beiden Gefühlen Wut und Freude auf. Freude ist das einzige Gefühl, das Veränderungen der körperlichen Aktivität im gesamten Körper hervorruft, vom Kopf bis zu den Zehen, da kann nicht einmal die Liebe mithalten. Denn Arme und Beine blieben von der Liebe unbeeindruckt. Ekel empfanden die Probanden vor allem im Mund und im Magen. Neid sitzt im Kopf. Bei Traurigkeit werden Beine und Arme schwach.

Unsere Emotionen sind, genauso wie unsere Gedanken, energetische Informationen. Wir können sie nicht sehen, nicht anfassen, nicht riechen, nicht schmecken, aber sie sind dennoch real.

Bestimmte Emotionen in unserem Leben, meist die schweren, unangenehmen, können wir meist nicht gut verarbeiten. Sie bleiben in unserem Körper quasi als energetische Information stecken. Deshalb gehen wir auch oft in Resonanz mit den gleichen Situationen, die uns die gleichen Emotionen wieder erleben lassen.

Mentale Blockaden entstehen, wenn du deine Emotionen in der Vergangenheit verdrängt oder nicht ausgelebt hast. Diese Blockaden verankern sich im Unterbewusstsein. Sie zeigen sich später durch überraschende Verhaltensmuster wie unerklärliche Traurigkeit, übertriebene Eifersucht oder unkontrollierbare Wut. Diese Gefühle können die Lebensqualität erheblich beeinträchtigen.

Auch durch unbewusste Beeinflussung von Eltern oder Erzieher entstehen seelische Blockaden. Solche Aussagen, wie z.B. „Aus dir wird nie was Gescheites", speichern wir im Unterbewusstsein ab. Ebenso können falsche Interpretationen innere Blockaden auslösen. Deine Eltern haben dir möglicherweise erzählt, dass reiche Menschen immer arrogant sind. Du möchtest aber nie arrogant sein. Da in dieser Aussage aber eine Verknüpfung mit „reich" stattfand, kann dich das tatsächlich daran hindern, in deinem Job erfolgreich zu sein und genug Geld zu verdienen.

Solche seelischen Blockaden lösen tatsächlich Stressreaktionen aus, wie z.B. Schlafstörungen, Kopfschmerzen, Herzrasen oder Unruhe. Belastende Emotionen wie Ärger, Wut und Sorgen schlagen häufig auf den Magen. Als Folge können Magen- und Darmbeschwerden auftreten wie etwa krampfartige Bauchschmerzen, Verstopfung oder Durchfall.

Wenn wir nun die Informationen über ein vergangenes Leben aus der Akasha-Chronik bekommen haben und wissen, dass tief in uns Gefühle verankert sind, die uns blockieren, fängt die eigentliche Arbeit erst an. Es geht jetzt darum, diese Gefühle in uns wahrzunehmen, zu fühlen. Denn Gefühle wollen gefühlt werden. Erst dann gehen sie. Aber oft sind Gefühle so schwer zu ertragen, dass wir sie lieber verdrängen, um überhaupt funktionieren zu können. Oder um überleben zu können. Sie sitzen unbemerkt in unserem Unterbewusstsein und haben die unangenehme Eigenschaft, sich immer dann zu melden, wenn es gerade nicht passt. Jedes Mal, wenn wir in Situationen kommen, die uns im weitesten Sinn an das damalige Leben erinnern, kommen sie wieder hoch. Und dann reagieren wir wie fremdbestimmt. Meist wird uns das nicht einmal bewusst.

Um an diese Gefühle heranzukommen, müssen wir uns noch mal in die damalige Situation hineinverdenken. Wir müssen auf der inneren Ebene arbeiten. Denn nur dort bekommen wir Zugang. Wir lassen diese Bilder noch mal vor unserem inneren Auge aufsteigen. Diese erinnerten Bilder aus dem vergangenen Leben können die Emotionen aktivieren, die wir damals hatten. Denn unser Gehirn kann nicht unterscheiden zwischen Realität und Phantasie. Wir verbinden uns also nochmal mit dem damaligen Leben und sehen diese inneren Bilder. Dadurch bekommen wir Zugang zu den verdrängten Emotionen.

Dazu müssen wir uns in einen entspannten und meditativen Zustand begeben. Nur wenn wir das außen loslassen und uns voll und ganz auf diese innere Arbeit einlassen, können sich diese verdrängten Emotionen zeigen. In dem Fall, wo wir mit Schuldgefühlen belastet sind, gibt es noch etwas anderes zu beachten. Nämlich die Vergebung. Wir können Schuldgefühle nicht auflösen, ohne zu vergeben oder um Vergebung zu bitten. Haben wir tiefgehende emotionale Verletzungen erlitten, müssen wir zuallererst dem anderen vergeben, was er uns angetan hat. All die Schmerzen und Verletzungen, die er uns zugefügt hat, müssen wir erst vergeben, bevor wir die blockierenden Gefühle loslassen können. Genauso wichtig ist es, um Vergebung zu bitten für all das, was wir dem anderen zugefügt haben. Denn solange wir nicht vergeben und um Vergebung bitten fühlen wir uns weiterhin schuldig. Dabei ist die schwierigste Aufgabe allerdings, uns selbst zu vergeben. Was immer wir auch getan haben, wir schämen uns vor uns selbst und fühlen uns schuldig.

Uns selbst zu vergeben fällt uns am schwersten.

Es gibt viele Techniken zur Verarbeitung und Auflösung der schweren und blockierenden Gefühle. Jeder wird für sich die Geeignete herausfinden können. Für mich haben sich die Gefühlstransformation und die Lichtarbeit als die effektivsten und stärksten Techniken bewährt.

Mehr Informationen findest du hier: https://www.helfend-heilen.de/

Gefühle aufzulösen und loszulassen ist nur möglich, wenn wir sie zulassen und sie fühlen. In den Widerstand gegen ein Gefühl zu gehen, bewirkt letztendlich nur das Gegenteil. Es verstärkt sich dann zunehmend. Wenn du dich also mal schlecht oder unglücklich fühlst, gestehe dir ein, dass es jetzt so ist, ohne es zu bewerten. Damit nimmst du den Widerstand raus und kannst das Gefühl geschehen lassen. Du kannst es so annehmen, wie es ist. Und dann beobachte mal, was passiert.

Eckhart Tolle, Bestsellerautor und spiritueller Lehrer, hat dazu ein ganz anschauliches Beispiel aus der Märchenwelt gebracht. Er erinnerte an den Froschkönig. In dem Moment, wo die Prinzessin bereit war, den Frosch als Frosch zu akzeptieren und ihn zu küssen, verwandelt sich der Frosch in einen Prinzen. Auf uns übertragen bedeutet es: Wenn wir den Widerstand aufgeben und uns erlauben, uns schlecht zu fühlen, löst sich das negative Gefühl auf.

Wenn wir uns z.B. schlecht fühlen, weil uns unser Partner verlassen hat, dann sollten wir uns fragen: Macht es Sinn, dass ich mich schlecht fühle? Wenn ich an ihn denke, steigen Wut, Hass oder Trauer in mir auf. Aber diese Gefühle tun mir nicht gut. Ich leide darunter. Und der andere bekommt davon nichts mit. Dem geht es gut, denn er fühlt meine Gefühle nicht.

Buddha hat mal gesagt: *„Jemandem nicht zu verzeihen ist, als würde man selbst Gift nehmen in der Hoffnung, dass der andere daran stirbt."*

Die Gefühle, die in mir aufsteigen, haben etwas mit der Bewertung der

Situation zu tun. Ich entscheide, wie ich eine Situation beurteile. Und wenn ich dem anderen verzeihen kann und die Situation neutraler bewerten kann, dann verschwinden die negativen Gefühle von ganz allein. Denn wie ich mich fühle, hängt nicht von der Situation oder meinen Mitmenschen ab, sondern davon, wie ich die Situation oder meine Mitmenschen bewerte.

Das heißt, es sind meine Gefühle, die da aufsteigen und ich kann entscheiden, wie ich mich fühlen will. Ich kann mir erlauben, mich gut zu fühlen. Ich muss mich nicht diesen negativen Gefühlen hingeben und mich ausliefern. Ich darf es verändern.

Gefühle sind etwas sehr Subtiles und es ist wichtig, auf sie zu achten. Es ist wie eine hilfreiche Frühwarnung, wenn in uns Gefühle aufsteigen, die auf Beeinträchtigung und Einschränkung unseres Lebens, unseres Daseins hinweisen. Gefühle, die wir nicht wollen, weil sie die Lebensfreude schmälern. Und sie machen auch etwas mit unserem Körper. Trauer oder Liebeskummer lassen uns krank und matt fühlen, Angst und Verzweiflung lösen eine Enge in der Brust aus und erschweren das Atmen. Hingegen eine bestandene Prüfung löst in uns Freude und Genugtuung aus, Verliebtheit erzeugt Schmetterlinge im Bauch und schenkt uns Leichtigkeit. Die einen Gefühle rauben unserem Körper Energie, die anderen schenken dem Körper Energie. Das bedeutet, dass Gefühle wie ein Feedback für uns sind, denn sie helfen uns, uns unserer Gedanken zu der jeweiligen Situation bewusst zu werden.

3.1 ThetaFloating

Das Fühlen ist ein wichtiger Bestandteil unseres Empfindungsvermögens und hat großen Einfluss auf unser Denken. Das heißt, wenn wir unsere Denkmuster verändern wollen, müssen wir uns mit unseren Gefühlen beschäftigen.

Wenn wir uns auf einen sehr tiefen Entspannungszustand begeben, auf die Theta-Ebene, können wir innere verborgene Widerstände und Ängste aufspüren. Das geschieht in einem intuitiven Prozess. Wir schauen sie uns genauer an und lassen sie spielerisch miteinander agieren. Dabei kollidieren alte Muster und lösen sich auf. Die natürliche Lebensenergie kann wieder ungehindert fließen. Und dadurch bekommen wir ein Gefühl von Verbundenheit und Urvertrauen.

Du findest wieder den Zugang zu der Macht, die dir innewohnt. Du kannst wieder zu dir selber stehen und zu deinen Ängsten. Du hast dann auch den Mut, dich ihnen zu nähern und sie genauer anzuschauen. Wenn du deine Angst siehst, kannst du auch ihre Warnfunktion nutzen, denn sie führt dich zuverlässig zu deinen Mangelgefühlen, die du dann im Thetazustand bearbeiten kannst. Wenn du deine Mangelgefühle erspürst, kannst du sie energetisch wieder auffüllen.

„ThetaFloating ist eine effiziente psychospirituelle Technik, die das Bewusstsein erweitert und die kosmischen Kanäle der Zellen aktiviert. Getragen von den Theta-Wellen des Gehirns, erzeugt der Anwender kraft seiner Imagination ein Schwingungsfeld, durch das sich selbst tiefsitzende Blockaden und traumatischen Gefühlsmuster auflösen, Körper

und Seele harmonisieren und verborgene Potenziale befreien lassen."[5]

Im ThetaFloating verschmilzt du allmählich mit dem reinen Bewusstsein deiner Seele, deinem wahren Selbst. Dadurch bekommst du Zugang zu deinen blockierten Gefühlen und kannst sie bearbeiten.

„Theta bezeichnet die Gehirnwellenfrequenz, die eine Trance kennzeichnet. In diesem erweiterten Bewusstseinszustand schweben wir mühelos und spielerisch durch unsere emotionalen Landschaften, um darin zu verwandeln, was unser persönliches Wachstum blockiert. Je mehr wir uns durch diese Auflösungsarbeit unserer Essenz nähern, desto leichtfüßiger gehen wir durchs Leben. Dies kommt im Wort „floating" (engl. schweben) zum Ausdruck."[6]

---

5 Esther Kochte, ThetaFloating Seminarskript Level 1, Berlin 2010

6 Ebenda

3.2 Das Resonanzgesetz

Ein kosmisches Prinzip besagt: Energie folgt der Aufmerksamkeit. Das bedeutet, das, worauf ich meine Aufmerksamkeit richte, wird mit Energie versorgt. Es kann sich aufbauen. So wie ich im Inneren ticke, so ist auch meine selektive Wahrnehmung bzw. mein innerer Filter und darauf richte ich meine Aufmerksamkeit. Und worauf ich meine Aufmerksamkeit richte, damit gehe ich in Resonanz. Das lade ich mit Energie auf und lade es dadurch in mein Leben ein. Durch die Energie, die ich dem Ganzen gebe, kann es sich manifestieren und real werden.

Ein gutes Beispiel ist der Geldmangel, den so viele empfinden. Wir wollen zwar mehr Geld, also auch Fülle, aber unser Bewusstsein liegt dabei im Mangel. Aus dem Mangel heraus wollen wir Fülle erschaffen. Das klappt aber nicht, da unsere Aufmerksamkeit darauf gerichtet ist, den Mangel loszuwerden. Also die Aufmerksamkeit liegt auf dem Mangel. Wir nähren den Mangel durch unsere Aufmerksamkeit. Wir geben ihm immer wieder Energie.

Selbst wenn wir mit positiven Affirmationen Geld in unser Leben ziehen wollen, arbeitet im Unterbewusstsein das Gefühl des Mangels. Denn es ist in uns verankert. Auch wenn uns das nicht bewusst ist.

Diese Gefühle des Mangels haben auch etwas mit den Konditionierungen zu tun, die wir in unserer Kindheit erfahren haben. Solche Sätze wie: Für Geld muss ich schwer arbeiten, oder Geld ist die Wurzel allen Übels, oder Geld verdirbt den Charakter, oder Geld macht nicht glücklich, haben uns natürlich geprägt und unbewusst ein Verhältnis zu Geld aufgebaut. Da Geld scheinbar nichts Gutes ist, wollen wir es auch nicht. Und daher leben wir im Mangel.

Ein weiterer wichtiger Aspekt ist, dass wir in unserem Alltag immer wieder Situationen erleben, in denen wir mit unangenehmen Gefühlen konfrontiert werden. Manchmal so unangenehm, dass wir sie nicht aushalten können und deshalb einfach verdrängen. Diese verdrängten Gefühle führen dazu, dass wir in bestimmten Situationen blockiert sind und nicht so reagieren, wie wir es eigentlich sollten. Dadurch haben wir nicht mehr die Kontrolle über unser Leben, sondern werden gesteuert durch unser Unterbewusstsein. Denn das hat all diese Gefühle abgespeichert. Es ist normalerweise schwer, an diese Gefühle heranzukommen, um sie ins Bewusstsein zu holen. Denn erst, wenn wir uns diese Gefühle bewusst machen und sie fließen lassen, raus fließen, bis sie weg sind, beeinflussen sie uns nicht mehr.

Gefühle, die uns belasten, legen sich wie eine Schicht um unser Herz und behindern dadurch Gefühle der Freude, der Liebe und des Glücks. Diese belastenden Gefühle wirken bewusst oder unbewusst auf unsere Stimmung.

Es erfordert ein in sich Hineinspüren. Dadurch zeigen sich dir diese Gefühle wieder. Durch das Sich-Öffnen kannst du die persönliche Kontrolle über dein Leben zurückgewinnen.

Indem du dir vergegenwärtigst, was du genau in diesem Augenblick empfindest, kannst du mühelos deine Gedanken und Emotionen neutralisieren. Verströme dieses Empfinden wie eine Energiewolke. Ströme es in die vermeintliche Störquelle hinein. In die Situation oder die Person, von der du annimmst, dass sie dein Problem verursacht. Und spüre, wie sich dein gesamtes Energiefeld entspannt.

Du konzentrierst dabei deine Aufmerksamkeit auf deine unmittelbare Selbstwahrnehmung. Du wirst eins mit dem, was dich augenblicklich bewegt. Dadurch erfährst du eine tiefe Akzeptanz dessen, was gerade ist, und transformierst dadurch dein emotionales Befinden.

3.3 Das Spiegelgesetz

Neben dem Resonanzgesetz ist das Spiegelgesetz ein wichtiges kosmisches Gesetz. Es besagt, dass unsere Außenwelt der Spiegel unserer Innenwelt ist. So wie du im Inneren konditioniert bist, so zeigt sich dir dein Leben und dein persönliches Umfeld. Dein Leben ist ein unmittelbarer Ausdruck deiner zumeist unbewussten Überzeugungen. Es gibt eine direkte Wechselwirkung zwischen Innen- und Außenwelt. Was dich im Außen verletzt, hat auch immer etwas mit dir selbst zu tun. Mit einem unbewältigten Wesensanteil deiner selbst. Es gibt dazu einen kurzen markanten Satz: *Was mich im Außen stört zu mir gehört*. Das Gute daran ist, dass du es verändern kannst, wenn du es erkennst. Wenn es dir bewusst wird, kannst du dich davon befreien. Verändere dich selbst und dein Leben verändert sich.

Nach dem Resonanzprinzip spiegeln sich in unserem äußeren Erleben unsere innersten Emotionen und Glaubensvorstellungen. Wenn andere Menschen uns verletzen, mangelt es uns an Selbstannahme. Wenn das Geld vorne und hinten nicht reicht, schätzen wir unseren persönlichen Wert gering. Oder es fehlt uns an Vertrauen in unsere Fähigkeiten.

Dies resultiert aus emotionalen und mentalen Mustern, die sich im Laufe des Lebens eingeprägt haben. Und oft sind sie auch schon auf Zellebene von den Eltern und Großeltern übertragen worden. Wenn wir nun unser Selbst verändern, gehen unsere Lebensumstände damit automatisch in Resonanz und verwandeln sich mit. Aber wie stellen wir das an, wenn unsere Konditionierungen uns im Griff haben? Gute Vorsätze oder positives Denken bringen erfahrungsgemäß wenig, denn damit ignorieren wir unsere Programmierungen, die uns unbewusst sabotieren.

Gefühls-Transformation bietet dir die geeigneten Werkzeuge und

Strategien dazu. Deshalb frage dich einmal: Wie will ich leben und wer will ich sein? Der Wunsch, der dabei aus deinem tiefsten Inneren kommt, entspricht deinem Seelenplan, deinem innersten Sein. Hier offenbart sich die Absicht deiner Seele. Denn deine Seele kommuniziert mit dir über das emotionale Leitsystem, also über deine Gefühle. Hast du gute Gefühle und geht es dir gut, bist du auf dem richtigen Weg; geht es dir schlecht, dann handelst du gegen deine Bestimmung.

Deshalb ist es wichtig, deine inneren Schwingungsmuster zu verändern. Denn damit verändert sich auch dein Erleben im Außen.

Wie geht das aber? Dazu kann es hilfreich sein, mit AffOrmationen zu arbeiten. Das ist hier kein Tippfehler, sondern Afformationen sind als Frage formulierte Affirmationen. Denn bei einer Affirmation blockt der Verstand oft ab und es entsteht eine Stressreaktion, die ungewollt negative Energien aussendet. Bei Afformationen nach der Methode von Erfolgstrainer Noah St. John werden lösungsorientierte Fragen gestellt. Da das Gehirn nicht zwischen Wirklichkeit und Phantasie unterscheiden kann und auf jede Frage eine Antwort finden will, denn so ist unser Verstand programmiert, kannst du es mit Afformationen überlisten.

Durch die positive Fragestellung wird ein Suchauftrag ausgelöst. Und positive stressfreie Gedanken verstärken sich dabei. Der Verstand arbeitet jetzt unbewusst und permanent daran, Antworten zu finden und vor allem nach Lösungen zu suchen. Du erhältst dadurch wertvolle Ideen und Eingebungen. Die bewirken bei dir ein lösungsorientiertes Handeln und das führt zu positiven Resultaten. Entscheidend ist dabei auch, dass Blockaden und vor allem negative Gefühle vermieden werden.

Wenn du abnehmen willst, sagst du vielleicht: Ich bin schlank. Aber dein Verstand antwortet: Stimmt nicht. Und sabotiert damit dein Verhalten. Fragst du aber: Warum bin ich schlank? Wird er nach einer Antwort suchen. Dafür muss er den Fakt „Schlank sein" als gegeben hinnehmen und er wird alles tun, um ihn Wirklichkeit werden zu lassen.

Warum lebe ich in finanzieller Fülle? - wird dich bald auf den Weg der finanziellen Besserung bringen. Während der Verstand eine Antwort auf die Frage sucht, wird er zuerst die Voraussetzungen zur Beantwortung schaffen. An dieser Stelle ist er nicht mehr der Blockierer, sondern dein hilfreicher Unterstützer. Somit sind Afformationen ein cleverer Schachzug, um den Verstand mit ins Boot zu holen.

Nichts um uns herum ist in Stein gemeißelt. Wir sind keine Opfer unserer Gene oder unserer Lebensumstände. Jeder Mensch kann alte Glaubenssätze oder Erziehungsmuster aus seiner Kindheit umprogrammieren und somit Veränderungen bis auf Zellebene bewirken. Das zeigt schon der Zellbiologe Dr. Bruce Lipton eindrucksvoll in seinen Büchern. Jeder Mensch kann und sollte zu hundert Prozent sein Potenzial leben und innerlich frei sein. Doch dazu muss man verstehen, dass keiner da draußen sagen kann, was wir tun sollen, sondern wir müssen unseren ganz eigenen persönlichen Weg gehen im Einklang mit unserem Bewusstsein, unseren Überzeugungen und unserer persönlichen Kraft.

Du bist das Placebo – sagt Dr. Joe Dispenza, ein Neurowissenschaftler. Und meint damit, dass du aus dir heraus, allein mit deiner Intention und deinem Glauben Veränderungen auf körperlicher Ebene, aber auch in deiner Außenwelt bewirken kannst. Du solltest lernen, wie du deine Schwingungen auf ein bestimmtes Ereignis in der Zukunft einpendeln kannst, um so aus dir heraus dieses Ereignis in deinem Leben zu manifestieren.

Wir senden durch unsere starken Emotionen Schwingungen aus, die, laut Epigenetik sogar von unseren Zellen registriert werden. Die aber auch nach außen gerichtet sind. Du schwingst also auf einer bestimmten Frequenz und synchronisierst dich damit mit anderen Geschehnissen, die ebenfalls auf dieser Frequenz schwingen. Dadurch ziehen wir automatisch Ereignisse in unserem Leben an, die auf der gleichen Frequenz schwingen, wie das, was wir aussenden. Das ist mit dem Resonanzgesetz gemeint, das besagt, dass gleiches immer gleiches anzieht.

Greg Braden, amerikanischer Wissenschaftler und spiritueller Lehrer, sagt dazu:

„Fühle dich, als wäre dein Leben, deine perfekte Beziehung,

dein perfektes Einkommen bereits da.

Wie würdest du dich fühlen?

Schwelge in diesem Gefühl und dehne es aus.

Das ist die Kommunikation des Universums.

Es wird dir antworten."

Er sagt auch: Die Welt um uns herum ist nicht mehr und nicht weniger, als ein Spiegel dessen was wir in unserem Inneren nach außen manifestieren.

Du bist nicht abhängig von äußeren Faktoren. Du solltest sogar, wann immer du einen angeblichen Mangel in einem deiner Lebensbereiche feststellst, nach innen schauen und dich fragen: Welchen inneren Mangel versuche ich in meiner Außenwelt zu kompensieren?

Wenn wir verstehen, welchen immensen Einflussfaktor unsere Emotionen und Blockaden auf unsere Entwicklung in der Außenwelt haben, können wir auch verstehen: Erst wenn wir in uns aufräumen, können wir unser perfektes Leben in der Außenwelt manifestieren.

Eine gute Methode dafür ist zu meditieren. Stell dir dabei vor deinem inneren Auge dein perfektes Leben vor, und zwar genauso, als wenn du es bereits leben würdest. Lass echte Freude über dein neues Leben dabei aufkommen. Je stärker du das machst, desto intensiver wirst du deine Schwingungen darauf einstimmen, und ziehst es dadurch in dein Leben. Übe es – immer und immer wieder. Durch das stete Üben verinnerlichst du es und verankerst es in deinem Unterbewusstsein. Und dann arbeitet dein Unterbewusstsein für dich.

3.4 Wozu dient die Transformation von belastenden Gefühlen?

Unser natürlicher Zustand ist Freude. Er ist quasi unser Geburtsrecht. Aber leider leben wir ihn meistens nicht. Wir können den Zugang zu diesem Zustand wieder herstellen durch die energetische Transformationsarbeit, indem die belastenden Gefühle gelöst werden. Das kann sich dann auf unser gesamtes Wohlbefinden auswirken.

Neue Perspektiven der Lebensgestaltung können entstehen und auch der allgemeine Gesundheitszustand kann sich dadurch verbessern.

Während der Gefühlstransformation erhalten wir innere Bilder, die uns den Zugang zu unseren blockierten Gefühlen ermöglichen. Blockaden sind unbewusste Reaktionen auf schmerzhafte Erfahrungen. Durch die achtsame Wahrnehmung und das fließen lassen dieser Gefühle verändern sich die inneren Bilder, so dass wir genau nachvollziehen können, wie sich der transformierende Prozess in unserem Inneren entwickelt. Wir sind in einem inneren Gewahrsein und in einer Akzeptanz dessen, was ist. Durch die bedingungslose Akzeptanz kann es sich verändern, denn wir halten es nicht mehr fest, weil wir unbewusst dagegen ankämpfen, sondern wir können es loslassen, weil wir es akzeptieren und fließen lassen. Verdrängte und blockierte Gefühle dürfen fließen, bis sie weg sind. Das ist vergleichbar mit Tränen. Wenn wir weinen, aus welchem Grund auch immer, geschieht dies nur eine bestimmte Zeit. Irgendwann kommen keine Tränen mehr. Der Tränenfluss versiegt. So ist das auch mit den Gefühlen. Wenn wir sie anschauen können, dann fließen sie, und zwar solange, bis sie weggeflossen sind.

Kinder zeigen uns genau, wie es geht. Nur leider nehmen wir sie uns nicht zum Vorbild. Wenn sie sich über etwas ärgern und wütend sind, zeigen sie uns das. Und wenn sie ihre Wut abreagiert haben spielen sie wieder weiter, als wenn nichts geschehen wäre.

Mit Gefühlstransformation können wir unser Bewusstsein entwickeln und verändern. Denn immer, wenn wir merken, wir kommen an einer Stelle im Leben nicht weiter, können wir uns mit unseren Gefühlen auseinandersetzen und sie transformieren. Egal ob beruflich, privat, finanziell oder gesundheitlich. Voraussetzung ist, dass wir uns dessen bewusst werden.

Akzeptanz dessen, was ist, heißt nicht, dass ich alles gut finden soll. Es heißt, dass ich das Gefühl, das ich dazu habe, erst einmal akzeptieren soll. Und nicht dagegen ankämpfen.

Beispiel: Du sitzt in der Bahn und dein Sitznachbar benimmt sich unflätig. Du ärgerst dich. Du könntest deinem Ärger so richtig Luft machen und ihn anschnauzen. Aber du traust dich nicht, weil sich das nicht gehört. Dann reagier dich in deinem Inneren ab. Dein Ärger ist da und jetzt schnauzt du diesen Mann innerlich an und faltest ihn richtig zusammen. Mach ihn zur Schnecke. Lade deinen ganzen Unmut und Frust bei ihm ab. Bis dein Ärger verraucht ist. Du wirst merken, dass du dich plötzlich sehr viel besser fühlst. Auch wenn du kein Ton gesagt hast. Beobachte auch, was es mit diesem Mann macht in deinem inneren Bild. Fühlt er sich berührt? Reagiert er darauf? Interessant ist, dass deine veränderte Ausstrahlung auf ihn wirkt. Wenn du etwas veränderst, verändert sich auch dein Umfeld. Dann kann es passieren, dass er plötzlich ein ganz manierliches Benehmen an den Tag legt.

Du kannst aber auch in dich hineinspüren, wie sich das anfühlt, wenn du dich nicht traust zu reagieren und ihn in die Schranken zu weisen. Wie fühlt sich das an? Macht es dich traurig oder wütend? Lass dieses Gefühl fließen. Lass deine Enttäuschung über dich selbst und deine Scham in die Situation fließen. Und dann spüre, ob sich etwas verändert.

Ist es Loslassen und Erleichterung oder noch mehr Traurigkeit oder Wut? Lass das Gefühl weiter fließen bis es sich in dir entspannt. Bleibe solange bei der Situation und schau sie an, bis sich alle negativen Gefühle verflüchtigt haben.

Akzeptanz bedeutet also, genau zu beobachten was du fühlst und dem Raum zu geben. Dadurch können sich die Gefühle entwickeln und fließen. Du bist damit im Flow.

Blockierende Gefühle entstehen aus Glaubensmustern, die teilweise mit eigenen Erfahrungen aber auch mit Konditionierungen zu tun haben. Wenn du sie wahrnimmst und fühlst, können sie fließen und neutralisieren sich. Denn ein Gedanke ohne emotionale Ladung ist nur ein Gedanke, der auftaucht und schon wieder weg ist. Aber wenn er emotionale Nahrung bekommt, verdichtet er sich zu einer Überzeugung.

3.5 Können wir emotionale Verletzungen heilen?

Ja, das können wir. Indem wir uns intensiv mit unseren Gefühlen beschäftigen und sie zulassen. Um eine Emotion auflösen zu können, muss man sich die passende Situation, in der sie entstanden ist, erst wieder bewusst machen. Wir müssen uns die damalige Situation noch einmal vor Augen führen und hineinspüren. Wie habe ich mich damals gefühlt? Welches Gefühl habe ich verdrängt, weil es zu schmerzhaft und unangenehm war? Was habe ich erlebt? Was ist mir damals zugestoßen und wie ist es mir damit ergangen? Wenn wir die Gefühle jetzt zulassen, können wir sie transformieren.

Bei der Gefühlstransformation lässt du diese Gefühle in dir aufsteigen. Egal ob es Angst oder Wut ist, Ohnmacht oder Verzweiflung, Schuld oder Scham - was immer es auch ist. Je mehr du es fühlst und zulässt, desto mehr Kraft verliert es, desto leichter wird es und verschwindet allmählich. Denn die Kunst der Transformation liegt darin, das Gefühl wahrzunehmen, es zuzulassen.

Versuche zu spüren, wo in deinem Körper sich dieses Gefühl am stärksten zeigt. Denn über die körperliche Entsprechung kannst du das Gefühl auch besser zuordnen. Angst zum Beispiel zeigt sich im Brustkorb. Alles zieht sich zusammen und die Atmung wird flacher. Wut fühlst du im Bauch. Ärger, den du runterschluckst, im Magen. Wenn du etwas nicht sagen willst, spürst du es als „Knoten" im Hals. Und partnerschaftliche Verletzungen wirst du in den Nieren wahrnehmen können, denn Nieren treten paarweise im Körper auf.

Wenn du dieses Gefühl im Körper lokalisiert hast, stelle es dir wie eine farbige energetische Wolke vor. Sie darf die Farbe annehmen, die dir intuitiv kommt. Und dann gestatte dieser Wolke, sich auszudehnen. Sage JA zu diesem Gefühl und akzeptiere, dass es da ist. Denn es ist ja da. Du hast es nur verdrängt. Gestatte diesem Gefühl, sich im ganzen Körper auszudehnen. Es darf sich ausdehnen und fließen, es darf über die Grenzen deines Körpers hinaus fließen. Und allmählich fließt es aus deinem Körper raus. In dem du es zulässt und fühlst, verliert es seine Kraft und geht. Durch das Fühlen kannst du es loslassen und es blockiert dich dann nicht mehr.

Die Arbeit mit den Gefühlen hilft dir, deine Sichtweise auf die Dinge zu verändern. Du nimmst dein Umfeld anders wahr und ebenso die zwischenmenschlichen Beziehungen, die dein Leben bestimmen. Du bist in deiner Sichtweise nicht mehr durch die Gefühle beeinflusst, sondern kannst die Menschen, mit denen du verbunden bist, und die Situationen, die du erlebst, neutraler wahrnehmen.

Um auf die tiefe Entspannungsebene zu gelangen, wo du Zugang zu deinen Gefühlen bekommst, gibt es eine kleine Meditationsübung. Bei dieser Meditation gelangst du in den Thetazustand und begibst dich dabei in deinen Mikrokosmos. Die Thetaebene ist eine sehr tiefe Entspannungsebene, auf der du dich mit deiner inneren Quelle verbinden und Zugang zu den verdrängten Gefühlen bekommen kannst. Lass dich von dieser Meditation in dein Inneres leiten und bitte deine Quelle darum, dir das Gefühl zu zeigen, das dich blockiert. Das du verdrängt hast und in deinem Unterbewusstsein abgespeichert hast. Denn wenn du es fühlst, kannst du es loslassen.

3.6 Meditation zur Verbindung mit der Quelle

Atme ein paar Mal tief ein und wieder aus. Komme innerlich zur Ruhe. Beim Ausatmen lass alles los, was dich belastet.

Stelle dir in der Mitte deines Kopfes deine Zirbeldrüse vor... Du musst nicht genau wissen, wo sie ist. Stell sie dir einfach vor. Nimm sie wahr und schau sie dir in Ruhe an ... Dann gehe mit deinem Bewusstsein in die Zirbeldrüse hinein ... Wenn du dort hinein gehst, ist es so, als wenn du einen Raum betrittst... Sieh dich um ... Dort drinnen gibt es eine besondere Zelle, die Urzelle. Stell sie dir einfach vor. .... Dann gehe mit deinem Bewusstsein in diese Urzelle hinein ... so als wenn du eine Tür öffnest und diese Zelle betrittst .... Atme dabei ganz entspannt weiter ....

Nimm diese Urzelle wie einen Raum wahr und schau dich um ... Dort drinnen findest du deine DNA. Diese gedrehte Doppelhelix. .... Stell sie dir vor .... Schau sie dir genau an ... Suche dir auf der DNA einen beliebigen Punkt ... konzentriere dich auf ihn und gehe mit deinem Bewusstsein in diesen Punkt hinein ... Es ist wieder so, als wenn du durch eine Tür gehst und einen Raum betrittst ... Stelle dir diesen Punkt als einen lichtdurchfluteten Raum vor .... Schau dich in diesem Raum um ...

In der Mitte dieses Raumes steht ein Dodekaeder[7]... Gehe mit deinem

---

7 Das Dodekaeder gehört zu den platonischen Körpern und wurde in den Mysterien Schulen des Altertums geheim gehalten. Denn das

Bewusstsein in dieses Dodekaeder hinein ... Du betrittst wieder einen Raum ... Dieser Raum ist lichtdurchflutet. Suche die Quelle des Lichts in der Mitte des Raumes ... und dann gehe mit deinem Bewusstsein in dieses Licht hinein ... Verbinde dich mit dem Licht ... Du bist das Licht. Du bist verbunden mit der Quelle ... mit dem Quellbewusstsein ...

Sage innerlich: Ich bin das Licht.

Wenn du an dieser Stelle angekommen bist, bist du mit deiner Quelle verbunden. Du bittest jetzt dein Quellbewusstsein, dir das Gefühl zu zeigen, das du in dem damaligen Leben verdrängt hast. Bleibe in absichtsloser Haltung und warte ab. Allmählich kann dieses Gefühl aus der Tiefe aufsteigen und sich zeigen. Du kannst es spüren. Wenn du es spürst, dann kannst du auch mit diesem Gefühl kommunizieren.

Es gibt zwei Möglichkeiten, mit deinem Gefühl zu arbeiten.

- lass das Gefühl hochkommen

- stell es dir als eine symbolhafte Gestalt vor (Symboling-Technik)

Wenn du dir das Gefühl nicht vorstellen oder spüren kannst, dann tu so als ob. Stell die Frage: Wie wäre es, wenn ich mich traurig (einsam, wütend, verletzt oder etwas anderes) fühle? Wie würde es sich anfühlen?

Nehmen wir als Beispiel deine Angst. Du kannst dir deine Angst wie ein Gegenüber vorstellen. Oder als energetische Wolke mit zwei Augen. Sage JA zu ihr. Akzeptiere ihr Dasein. Sie ist ja sowieso da. Du hast sie nur verdrängt. Schau sie an und bedanke dich bei ihr. Oft war sie da, um dich zu beschützen, und dich vor unüberlegten Handlungen zu

---

Dodekaeder hat eine besondere Energie, mit der man arbeiten kann. Es baut in seinem Inneren eine Schwingung auf, die spürbar ist.

bewahren. Sie hat dir manchmal das Leben gerettet. Aber heute ist sie nicht mehr nötig. Sie darf jetzt gehen. Sie darf allmählich aus dir raus fließen. Bis sie weg ist. Sieh mit deinen inneren Augen, wie diese Angst sich in deinem Körper ausbreitet und allmählich über deine Körpergrenzen hinaus fließt. Dein Körper kann sie jetzt endlich loslassen. Oder nimm wahr, wie sie immer kleiner wird und allmählich ganz verschwindet.

Mit den anderen verdrängten Gefühlen kannst du es ähnlich handhaben. Spüre dieses Gefühl. Egal, ob es Wut, Groll, Trauer, Einsamkeit, Scham, Ohnmacht, Wertlosigkeit oder irgendein anderes negatives Gefühl ist. Fühle es. Lass es zu. Nimm es wahr. Erst wenn du es fühlst, kann es raus fließen. Dann kannst du es gehen lassen. Und dann bist du frei davon. Du kommst wieder mehr an deine Essenz heran, an deinen Wesenskern.

Um durch diese Meditation wirklich in die Tiefe zu gelangen, empfehle ich dir, den Text aufzusprechen und dich dann mit geschlossenen Augen führen zu lassen.

Ein heilsamer Umgang mit Gefühlen ist tatsächlich das geschehen lassen. Es gibt nichts weiter zu tun, als die Gefühle, die gerade da sind, zu fühlen. Sie einfach zuzulassen. Wir können Gefühle nicht kontrollieren. Sie sind einfach da, denn sie haben uns etwas zu sagen. Sie vermitteln eine Botschaft. Und nur, wenn wir die hinterfragen, können wir bewusst und weise darauf reagieren. Die Botschaft anzunehmen, zu verstehen, ist der Schlüssel zum Auflösen des Gefühls. Dann darf es gehen.

Gefühle überlagern sich gegenseitig. Habe ich ein Gefühl gefühlt und es hat sich aufgelöst, zeigt sich ein weiteres, das sich darunter versteckt hat. Und erst wenn ich auch dieses Gefühl und alle weiteren, die noch darunter liegen, gefühlt und losgelassen habe, komme ich zum eigentlichen Kerngefühl. Das Gefühl, das mich im Innersten zutiefst bewegt. Häufig meinen wir, dass dieses Gefühl Nichtigkeit ist, Scham oder

Erniedrigung. Denn dadurch fühlen wir uns ungeliebt. Aber wenn diese Gefühle aufgelöst werden, kommt darunter Freude zum Vorschein. Lebensfreude. Das ist das Gefühl, wonach wir uns sehnen. Lebensfreude, die uns das Gefühl von Lebendigkeit gibt. Von „am Leben sein", zu leben.

Dieses Gefühl von Lebensfreude kannst du auch selber in dir erzeugen. Erinnere dich an eine besonders schöne Begebenheit oder Situation in deinem Leben. An einen schönen Urlaub, an die Geburt deines Kindes oder an eine bestandene Prüfung. Lass diese Situation vor deinem inneren Auge entstehen und spüre hinein. Du wirst schon nach einem kurzen Moment das Gefühl von Freude in dir spüren. Eine Freude, die deinen ganzen Körper erfüllt.

Wir selbst erschaffen Gefühle in uns und sind uns dessen nicht bewusst. Es geschieht unbewusst.

Bruno Würtenberger hat dazu gesagt: „Die meisten Menschen kennen leider nicht den Unterschied zwischen Emotion und Gefühl. Es gilt Folgendes zu wissen: Ein Gefühl wird immer – und zwar grundlos – von Dir erschaffen. Gefühle sind also schöpferische Aktionen. Und wenn Du ein Gefühl erlebst, dann hast Du es auch erzeugt und somit bist Du, in diesem Sinne, der Schöpfer.

Emotion ist allerdings immer eine Reaktion, keine Aktion im schöpferischen Sinne. Emotionen sind Reaktionen, welche durch Wahrnehmung und Gedanken quasi als Reflex ausgelöst werden. Die Impulse welche also Emotionen in uns wachrufen, befinden sich stets außerhalb dessen, was wir in Wirklichkeit sind."[8]

Die wichtigsten Emotionen, die uns blockieren können, sind Angst, Ekel, Scham, Traurigkeit und Ärger oder Wut.

---

8 Zitat Bruno Würtenberger, Autor und Bewusstseinsforscher

Mit diesen Emotionen sind weitere Emotionen verbunden, die sich zu den Grundemotionen zuordnen lassen. Das heißt:

Angst ist verbunden mit Hilflosigkeit, Feigheit, Misstrauen, Mutlosigkeit u.a. Das Gefühl von Angst kann sich z.b. darin zeigen, dass sich jemand klein und unsichtbar macht, um nicht gesehen zu werden. Oder aber besonders laut und arrogant auftritt, um die Angst zu verbergen, sie zu überspielen und sich nicht ängstlich zu zeigen.

Ärger ist z.b. verbunden mit Verachtung, Feindseligkeit, Neid, Aggressivität, Hass, Rache, Intoleranz u.a. Wer mit diesen Gefühlen zu kämpfen hat, wird es immer an seiner Umgebung auslassen. Wut kann eine Kraft sein, aber Hass ist ein Gift. Menschen können nichts dafür, wie sie fühlen, wohl aber, wie sie damit umgehen. Ob sie es gegen andere richten oder in sich selbst ausloten und transformieren.

Ekel ist verbunden mit Abscheu, Widerwille, Aversion, Antipathie u.a. Dieses Gefühl macht es einem schwer, sich anderen zu öffnen, sie zu akzeptieren, wie sie sind oder sich auf neue Herausforderungen einzulassen.

Scham ist verbunden mit Reue und sich unwürdig fühlen. Scham führt dazu, dass wir unser Verhalten hinterfragen und es häufig anpassen, um von unserer Umwelt nicht ausgegrenzt zu werden. Eine persönliche Situation, Armut, berufliches Versagen oder die Unzufriedenheit mit dem eigenen Körper können Schamgefühle auslösen. Frauen erleben Scham oft intensiver als Männer, wenn ihre persönlichen Grenzen von anderen Menschen verletzt werden und sie sich hilflos und ausgeliefert fühlen.

Traurigkeit ist verbunden mit Freudlosigkeit, Betrübtheit, Verzweiflung, Enttäuschung u.a. Es kann zu körperlichen Symptomen kommen wie Enge in der Brust, Herzrasen und Kurzatmigkeit. Es kann aber auch zu Müdigkeit und Energielosigkeit führen und wir unfähig sind, Dinge zu erledigen.

Aber es gibt auch sehr positive Emotionen, die uns auf unserem Lebensweg unterstützen und unserem Körper guttun. Das sind Freude und Liebe. Mit diesen Emotionen sind noch viele andere positive Gefühle verbunden.

Freude ist verbunden mit Fröhlichkeit, Begeisterung, Glück, Wohlgefallen, Behagen und anderen. Sie löst angenehme Empfindungen im Körper aus. Wir haben das Gefühl, alles kann uns gelingen. Wir sind mutig und trauen uns vieles zu. Sätze wie: Ich könnte Bäume ausreißen und die ganze Welt umarmen, oder: Ich würde am liebsten vor Freude in die Luft springen, sind ein klarer Hinweis auf Begeisterung und Lebensfreude.

Liebe ist verbunden mit Dankbarkeit, Verbundenheit, Zuneigung, Sympathie, Innigkeit, Anerkennung, Fürsorge, Mitgefühl und anderen. Sie schafft Vertrauen, Nähe und Geborgenheit. Wir fühlen uns wohl und sind in Harmonie mit uns selbst. Ein Gefühl, das unser Wohlbefinden positiv beeinflusst.

Wenn wir uns von den blockierenden negativen Gefühlen befreien können, haben wir mehr Raum in uns für die positiven unterstützenden Gefühle. Und die können wir, wie schon erwähnt, in uns selber erzeugen. Du bist der Schöpfer deiner Realität. Du kannst alle Gefühle, die du dir wünschst, selber erschaffen. Hierfür können wir den Umstand nutzen, dass unser Verstand nicht zwischen Imagination und Wirklichkeit unterscheiden kann, wenn wir innere Bilder erzeugen.

Schließe deine Augen und wende deine Wahrnehmung von der Außenwelt ab. Gehe nach innen und stelle dir in deinem Inneren eine Situation vor, wo du dich zufrieden und glücklich gefühlt hast. Du kannst eine grüne Wiese wählen, einen blauen Himmel, oder ein anderes beliebiges Bild, das dir gute Gefühle vermittelt. Oder vielleicht denkst du an einen Urlaub, wo du Entspannung und Erholung am Strand genossen hast. Lass in deiner Erinnerung noch mal die Bilder aufsteigen, wie du damals in dem weichen Sand gesessen hast, die wärmenden Sonnenstrahlen im Gesicht gespürt hast und der Wind leicht durch dein Haar strich. Dein Urlaub entfaltet sich vor deinem inneren Auge und du lässt dich in dieses Bild hineinfallen. Und ganz allmählich wirst du Entspannung, Freude und Gelassenheit spüren. Und das, obwohl du vielleicht nur zu Hause auf deiner Couch sitzt.

Je öfter du diese Übung machst, desto leichter fällt es dir, positive Gefühle zu fühlen. Und desto leichter fällt es dir auch, Situationen, die mit negativen Gefühlen behaftet sind, neutraler zu bewerten und damit die negativen Gefühle loszulassen.

Denn negative Gefühle haben die Eigenschaft, unkontrolliert loszugehen, wenn wir sie zu lange unterdrücken. Sie explodieren dann förmlich und meist in einer Situation, wo es völlig unpassend ist. Oder sie äußern sich in Form von körperlichen Symptomen und Krankheiten, wenn wir sie jahrelang in uns hineingefressen haben.

Im Endeffekt kommen wir um unsere Gefühle nicht herum. Wir müssen uns mit ihnen auseinandersetzen, um ein glückliches und erfülltes Leben führen zu können.

Ich hatte eingangs erwähnt, dass ich mich intensiv mit Theta Floating beschäftigt habe und in den Seminaren auch sehr in die Tiefe gehen konnte.

Im Theta Floating gibt es die sogenannte Symboling-Technik. Dabei personifizierst du dein Leiden, gibt's ihm also eine Gestalt und stattest es dadurch mit einem eigenen Bewusstsein aus. Das erleichtert dir dich mit ihm zu verbinden und herauszufinden, welches Mangelgefühl ihn antreibt. Frag dich: Wenn das, was mich blockiert, ein Gesicht hätte, wie würde das aussehen? Schau dir das Wesen, das du wahrnimmst, ganz genau an und befrage es. Versetze dich in es hinein. Was fühlt es? Was möchte es dir sagen?

Nachdem du dich mit dem Quellbewusstsein verbunden hast,

vergegenwärtigst du dir im Theta-Zustand dein Thema in einer symbolischen Szenerie. Die Person oder Gestalt, die du dort wahrnimmst, steht stellvertretend für deinen Widersacher, deinen inneren Dämonen, deine Angst oder Verweigerer. Du beobachtest nun, was sich vor deinem geistigen Auge offenbart. Was macht diese Gestalt, wie sieht sie aus, wie schaut sie drein? Dann trittst du mit diesem Wesen in einen Dialog. Du fragst es, warum sie da ist, was sie braucht. Du nimmst als Beobachter wahr und agierst nicht selber in dieser Szenerie.

Wenn du gespürt hast, welches Gefühl diesem Wesen fehlt, also welches Mangelgefühl ihn antreibt, visualisierst du, wie dieses Gefühl aus der Quelle heraus zu ihm fließt. Du kannst dir das wie einen Lichtstrahl vorstellen, der ihn durchflutet oder eine nährende Flüssigkeit, die zu ihm fließt. Dann nimm wahr, was dieses Gefühl mit ihm macht. Wie verändert es sich dadurch? Verändert das Wesen seine Gestalt oder seinen Ausdruck oder löst es sich vielleicht ganz auf und verschwindet? Wenn du beobachtest, wie dieses Wesen von der Quelle her genährt wird, bist du auch gleichzeitig Zeuge dieses Vorgangs, denn Energie folgt immer der Aufmerksamkeit.

Das was du hier machst, geschieht in dir selbst. Du arbeitest mit Aspekten deiner selbst in Form von Gestalten oder Wesen und merkst dann auch sofort, wenn sich etwas verändert. Du kannst eine Erleichterung oder auch Freude spüren, die die Veränderung bezeugen. Oder dein Schmerz lässt nach, der innere Druck verschwindet.

Zur Kontrolle, ob das Thema wirklich geheilt ist, stell dir nochmal eine reale Szene vor, in der du diesen Aspekt deiner selbst nochmal aufrufst. Spüre, wie es dir dabei geht. Bekommst du immer noch ein mulmiges oder drückendes Gefühl oder fühlt es sich leicht und angenehm an? Stell dir die Kollegin, die dich immer mobbt, vor deinem inneren Auge nochmal vor und spüre, wie es sich anfühlt. Oder der Chef, der dir immer Druck macht. Wie geht es dir dabei? Kommst du dir selbst verändert vor oder agieren diese Personen jetzt anders dir gegenüber?

Wenn es sich noch nicht vollkommen bereinigt anfühlt, spüre rein und frage das Quellbewusstsein, was es noch braucht und wiederhole den Transformationsprozess noch einmal. Am Ende sollte es sich gut und rund anfühlen.

3.7 Beispiele einer Gefühls-Transformation

1. Bei einer der Partnerübungen, in denen wir uns gegenseitig in die Thetaebene führten, ging es um mein Verhältnis zu meiner Mutter.

Mein Problem war, dass ich immer das Gefühl hatte, von ihr nicht richtig geliebt zu sein. Mir fehlte die tiefe innige Verbindung. Eine flüchtige Umarmung zur Begrüßung war meist alles. Der Umgang mit meinen Töchtern ist da ganz anders. Wie nehmen uns herzlich in den Arm, wenn wir uns treffen, drücken uns und halten uns fest, weil es sich einfach mal gut anfühlt, umarmt zu werden. Da fließt liebevolle Energie von Herz zu Herz. So habe ich es mit meiner Mutter nie erlebt.

Während einer Übung nahm ich mir dieses Thema vor. Ich visualisierte, wie meine Mutter vor mir saß. In ihrem Wohnzimmer, in dem Sessel, in dem sie immer zu sitzen pflegte. Ich saß ihr gefühlt gegenüber und fragte sie, warum sie mich nicht lieben kann.

Ich empfing ein riesiges Fragezeichen. Sie konnte meine Frage nicht verstehen und plötzlich nahm ich eine Woge tiefer Liebe wahr, die zu mir floß. Meine Mutter liebte mich sehr. Erst jetzt begriff ich, dass ich es immer falsch interpretiert hatte. Die Distanz, die ich stets zwischen uns gespürt hatte, rührte daher, dass sie nicht fähig war, ihren Gefühlen Ausdruck zu verleihen. Sie war der praktische Typ, der die Ärmel hochkrempelte und anpackte. Die Kriegsgeneration, bei der es nur ums Überleben ging. Die keine Gefühle zeigte, sondern ums Überleben kämpfte.

Ich war sehr glücklich, dass ich das jetzt endlich verstehen und fühlen konnte. Mir flossen die Tränen und ich war unendlich dankbar, diese Liebe spüren zu dürfen. In den folgenden Wochen haben wir einige liebevolle und innige Momente miteinander erlebt. Bald darauf starb meine Mutter kurz vor ihrem neunzigsten Geburtstag. Ich bin sehr froh, dass ich dem Impuls gefolgt bin und mich noch rechtzeitig damit auseinandergesetzt habe und es auflösen und heilen konnte.

2. Im Folgenden ein Beispiel, wie so eine Sitzung mit einer Klientin ausgesehen hat. Sie kam mit dem Thema Geld zu mir. Das Geld fließt nicht richtig. Es stockt, ist blockiert. Das Geschäft geht nicht richtig.

Sie sieht eine große Frau, eine Frau in einem goldenen Gewand, die sehr streng dreinblickt. Sie hat den Finger erhoben und warnt sie. Wovor? Davor das Glück zu verlieren.

Was kann die Klientin tun, damit das nicht passiert? Sie soll loslassen. Was?

Sie fühlt einen Schmerz. Wo im Körper sitzt er? Unterhalb des Herzens. Geh in diesen Schmerz rein und frage, was er dir zeigen will. Es sind Verletzungen und Schmerzen, die ihr die Männer zugefügt haben. Welche Männer? Sie sieht einige Männer vor sich. Alle schauen sie an, nur einer hat sich umgedreht und will sie nicht sehen. Sie vergibt allen Männern und wir lassen Vergebung fließen. Dann bedankt sie sich bei allen für das Geschenk der gemeinsamen Zeit und lässt sie in Liebe gehen. Übrig bleibt der eine, der sie nicht ansehen will. Auch nach Aufforderung dreht er sich nicht um. Wir lassen Liebe in diesen Mann fließen. Nach einer Weile zerbricht er wie ein Stein in große Stücke. Wir lassen weiter Liebe fließen und die Stücke werden immer kleiner und fliegen ins Universum hinaus.

Der Platz vor ihr ist leer und sie fühlt auch keinen Schmerz mehr.

Wir bitten das Quellbewusstsein um weitere Bilder. Sie sieht einen großen dunklen Wolf, der ihr Angst macht. Sie sagt, er verfolgt sie. Dann braucht er Aufmerksamkeit. Wir lassen diese Aufmerksamkeit von der Quelle fließen. Seine Augen leuchten jetzt ganz stark. Er macht ihr Angst. Er ist die personifizierte Angst. Wir lassen Vertrauen und Urvertrauen fließen. Plötzlich ist er nicht mehr da. Aber an der Stelle, wo er stand, ist die Erde verbrannt. Wir lassen Heilung für die Erde fließen. Es fallen weiße Kügelchen vom Himmel auf diese Erde. Nach einer Weile wächst eine Pflanze aus ihr raus, die wie eine Orchidee aussieht und die weißen Kügelchen werden zu Orchideenblüten.

Wir fragen das Quellbewusstsein, ob es noch weitere Bilder zum genannten Thema hat. Die Klientin sieht in der Ferne noch einen Mann. Als er näher kommt erkennt sie ihren Vater. Er sieht sehr verzerrt aus. Sie nimmt Kontakt mit ihm auf und es kommt die Botschaft rüber, dass sie Gegner sind. Es hat etwas mit ihrer Mutter zu tun. Er kann seine Tochter nicht lieben, weil er nicht weiß, ob sie sein Kind ist. Wir lassen Vergebung und Klarheit fließen. Nach einer Weile hat der Vater ein Herz in der Hand. Das zerbrochene Herz der Mutter. Er weiß nicht wohin damit.

Ich bitte die Klientin, Liebe zu ihrem Vater fließen zu lassen, bedingungslose Liebe. Sie kann nicht. Wir lassen von der Quelle bedingungslose Liebe zu ihr fließen – nach einer Weile ist sie bereit, diese Liebe auch zu ihrem Vater fließen zu lassen. Nach einer Weile löst sich ihr Vater auf und zurück bleibt ein Herz. Ein goldenes Herz. Ich bitte sie, dieses Herz in ihre Hände zu nehmen. Das fühlt sich gut an. Dann bitte ich sie, dieses Herz in ihr Herz hereinzunehmen. Es geht ihr damit sehr gut. Sie sieht plötzlich einen großen wunderschönen Wasserfall und einen Regenbogen. Sie genießt diese wunderbaren Bilder und Energien. Sie bezeugen, dass jetzt alles ins Fließen kommt.

Wir fragen das Quellbewusstsein, ob es noch etwas gibt. Aber jetzt kommen keine weiteren Bilder mehr.

Einige Wochen später meldet sich die Klientin nochmal und teilt mir freudig mit, dass sich ihre finanzielle Situation verbessert hat und ein Aufschwung spürbar ist.

3. Während meiner Ausbildung mit Theta Floating haben wir auch Sessions unter uns Seminarteilnehmern abgehalten.

Meine war für mich schon echt beeindruckend. Gerade auch, weil ich rückblickend sagen kann, danach hat sich etwas bei mir bewegt.

Ein Wunsch, der schon lange in mir arbeitete und ständig präsent war, hat sich nun erfüllt.

Ich will den Ablauf der Session einmal beschreiben. Das Thema war mein allergischer Husten, der mich wieder gehörig quälte und mir bei fast jedem Satz ins Wort fiel. Ich konnte kaum einen Satz zu Ende bringen, ohne durch den Husten unterbrochen zu werden. Ich erwähnte das eingangs bereits einmal.

Wir begaben uns auf die Theta-Ebene, verbanden uns mit dem Quellbewusstsein und baten um ein Bild oder eine verdichtete Information zu diesem Thema. Ich bekam ein Feld zu sehen, ein Feld, auf dem ein Ochse einen Pflug zieht. Der Ochse hatte Furche um Furche gezogen und war ziemlich fertig. Es war Mittag, die Sonne brannte und er konnte sich kaum noch vorwärtsbewegen und bekam keine Luft mehr.

Genauso fühlte ich mich auch. Das war genau die Situation auf meiner Arbeit. Völlig ausgepowert. Ich hatte gerade einen Burnout.

Meine Partnerin fragte, was der Ochse braucht, damit es ihm besser geht. Er braucht eine kleine Erholung. Also durfte der Ochse Pause machen und legte sich hin. Wir ließen das Gefühl von Entspannung und Erholung fließen und nach einer angemessenen Zeit fragten wir in das Bild hinein, ob der Ochse jetzt wieder weiterarbeiten kann. Als Information kam, dass der Ochse eine größere Erholungspause braucht.

Also schirrten wir ihn ab und ließen ihn auf eine Wiese gehen. Dort legte er sich in Gras, nahe an einen Bach, unter einem Baum. Wir ließen das Gefühl von Erholung, Urlaub und Entspannung fließen, bis es sich so anfühlte, als wenn es jetzt reicht.

Dann fragten wir den Ochsen, ob er jetzt wieder weiterarbeiten will. Er schüttelte mit dem Kopf. Was will er dann? Er will frei sein.

Na gut, wenn er frei sein will, dann soll er einfach losgehen, irgendwohin, wo es ihm gefällt. Doch der Ochse meinte, das geht nicht. Warum nicht?

Weil er einen Vertrag mit dem Bauern hat. In dem Vertrag steht drin, er muss solange arbeiten, bis er nicht mehr kann. Also gingen wir mit dem Ochsen zum Bauern und sprachen mit ihm. An der Stelle wurde es richtig interessant. Meine Partnerin sagte, sie sieht, wie der Bauer verständnisvoll nickt und meint, der Ochse darf jetzt gehen. Ich aber hatte ein anderes inneres Bild. Bei mir hatte der Bauer die Arme verschränkt, schaute etwas mürrisch drein und sagte: Im Vertrag steht, solange bis er nicht mehr kann.

Ich konnte an dieser Stelle mit dem Bild meiner Partnerin nicht mitgehen, sondern hatte einen inneren Widerstand. Der ist ein Zeichen dafür, dass noch ein Mangel vorhanden ist. Wir suchten also nach diesem Mangelgefühl und fanden, dass Wertschätzung fehlt. Wir gaben noch das Gefühl von Wertschätzung und Anerkennung hinein - dann löste sich mein Widerstand auf und ich bekam ebenso das Bild von dem verständnisvollen Bauern, der den Ochsen ziehen lässt.

Zum Schluss haben wir noch mal das Kontrollbild angeschaut. Das heißt wir sind mit der ursprünglichen Fragestellung noch mal in das Bild hineingegangen und haben das Feld und den Pflug gesehen, aber vom Ochsen weit und breit keine Spur mehr.

Diese Sitzung hat ziemlich genau die Gefühle aufgefüllt, die im Mangel waren und die etwas mit meinem Wunsch nach Beendigung meiner

Arbeit zu tun hatten. Mein größter Wunsch war zu diesem Zeitpunkt in den Vorruhestand gehen zu dürfen, damit ich endlich mehr Zeit für meine spirituelle Arbeit habe - für das, was mir wirklich wichtig ist. Alles was von meiner Seite aus die Erfüllung dieses Wunsches blockiert hatte, wurde aufgelöst.

Was soll ich sagen? Zum Ende des betreffenden Jahres durfte ich nun wirklich in den Vorruhestand gehen. Mein Arbeitgeber hatte mir einige Wochen später ein Angebot gemacht. Klar mussten die äußeren Rahmenbedingungen stimmen. Wenn die Firma gerade kein Geld für den Vorruhestand hat, kann ich machen, was ich will - da wird das nichts. Aber jetzt gab es wieder die Möglichkeit und diesmal war ich dabei. Bei der Gelegenheit habe ich auch erfahren, dass ich vor einem halben Jahr schon mal auf einer Liste gestanden habe, als es bereits einmal die Möglichkeit zum Vorruhestand gab. Aber ich bin von der Liste wieder runtergefallen. Dafür wurde meine Kollegin gewählt, die sogar noch etwas jünger war als ich. Ich bin fest davon überzeugt, dass meine inneren Blockaden ihren Anteil daran hatten. Und hätte ich nicht diese Session gemacht, wäre ich vielleicht wieder von der Liste gefallen.

Ich habe auch noch andere Werkzeuge eingesetzt, um diesen Wunsch zu manifestieren. Aber ich hätte manifestieren mögen, so viel ich will. Wenn ich innere Widerstände habe, kommt es nicht in mein Leben. Und um diese aufzulösen war Theta Floating genau das richtige.

4. Nach dieser Sitzung haben meine Partnerin und ich dann gewechselt und wir haben ihr Thema bearbeitet. Bei ihr ging es um das Chaos in ihrem Leben und das nicht Vorhandensein von einer klaren Ausrichtung.

Mein erstes Bild, das ich bekam, traute ich mich erst gar nicht zu beschreiben. Erst als ich sagte, was ich sehe, bekam ich sofort die nächste Information. Ich sah sie gehängt. Als ich es aussprach kam die Info: Dann bekommt sie keine Luft mehr. Das machte Sinn. Und P. bestätigte mir, dass sie sich auch so fühle. Als wenn sie keine Luft mehr bekomme. Sie arbeitet bis zum Umfallen und hat kaum noch Kraft.

Das nächste Bild zeigte es etwas klarer. Ich sah einen jungen Mann, der mit großen ausholenden Schritten durch die Ebene lief, so wie die Afrikaner Stunde um Stunde durch die Steppe laufen können. Nur dieser junge Mann war am Limit. Er konnte nicht mehr, hechelte nur noch und blieb dann stehen. Er ging in die Knie und warf sich ins Gras. Er war fix und fertig. Körperlich völlig ausgepowert. Das passte genau zu der Situation, in der P. gerade steckte.

Wir fragten, was ihm fehlt und es kam ganz klar: Ruhe und Entspannung. Wir ließen das Gefühl von Ausruhen und Erholung fließen und beobachteten, was geschah. Er streckte sich noch weiter aus und brauchte noch mehr Ruhe und Erholung. Wir gaben ihm reichlich Zeit. Nach einer Weile setzte er sich auf und sah schon wieder etwas frischer aus. Aber er mochte noch nicht wieder aufstehen. Es fehlte ihm noch die Motivation durch Wertschätzung, die wir ihm in reichlichem Maße zufließen ließen. Nach einer Weile war er wieder top fit und stand auf und scharrte schon mit den Hufen. Er wollte loslaufen. Aber irgendetwas stimmte noch nicht. Er sah suchend um sich. Er wusste nicht, wohin er laufen soll.

Auch das entsprach genau der Situation von P. Sie stand an einer Wegkreuzung in ihrem Leben und musste entscheiden, was sie nun tun will. Was also fehlte noch? Wir ließen Klarheit fließen - solange bis der Mangel an Klarheit bei unserem jungen Mann beseitigt war. Jetzt wusste er, was er will. Er ging los. Anders als vorhin, rannte er nicht, sondern ging mit zügigen kraftvollen Schritten zielstrebig in eine ganz bestimmte Richtung. Das war ein sehr kraftvolles Schlussbild.

Ich habe P. vor kurzem gefragt, was sich bei ihr verändert hat. Es sind inzwischen einige Monate ins Land gegangen und sie weiß jetzt genau, was sie will. Sie wird aus ihrem kleinen Ort wegziehen nach Freiburg, das etwa 450 km entfernt liegt. Dort wird sie ihre erste eigene Praxis eröffnen. Jetzt hat sie den Mut und die Kraft, ihre Visionen in die Tat umzusetzen. Mut und Kraft hatte sie auch vorher schon, unbewusst. Das steckt in uns allen drin. Aber jetzt ist sie sich ihrer bewusst geworden. Dazu beglückwünschte ich sie und wünschte ihr viel Erfolg.

Gefühlstransformation ist keine Zauberei, aber manchmal fühlt es sich so an. Weil sich bestimmte Gefühle plötzlich auflösen und verschwinden, die uns jahrelang blockiert haben. Oder wir von jetzt auf gleich wieder Lebensfreude und Zufriedenheit empfinden können, was uns lange Zeit gefehlt hat. Wir bearbeiten die Gefühle, die uns daran hindern ein glückliches und erfülltes Leben zu führen. Gefühle zu bearbeiten ist eine nachhaltige Sache, denn es hilft unser Leben zu verändern. Damit es wieder leichter und schöner wird und wir glücklich und zufrieden leben können.

Ich hatte bereits erwähnt, dass Gefühle energetische Informationen beinhalten. Wenn diese Gefühle aufgelöst sind, sind auch die Informationen weg und ich habe eine andere Ausstrahlung. Damit ziehe ich andere Menschen und Situationen in mein Leben, gemäß dem Resonanzgesetz.

Außerdem ist die Energie dieser Gefühle nicht mehr in unserem Feld vorhanden. Wir fühlen uns leichter. Wir sind alle mit dem Feld verbunden, denn wir sind ein Teil dieses Feldes. Das bedeutet, alles was ich heile, heilt auch im Feld und hilft somit allen.

Außerdem ist noch ein weiterer Aspekt von großer Bedeutung. Oft übernehmen wir Glaubensmuster und daraus resultierende Blockaden von unseren Eltern oder weiteren Ahnen. Das, was sie in ihrem Leben gelebt haben, beeinflusst unser heutiges Leben. Das geschieht natürlich unbewusst, aber es hat Einfluss auf uns. Manche dieser Muster ziehen sich durch ganze Generationen. Das bedeutet: Alles, was wir nicht auflösen, geben wir an unsere Kinder weiter.

Es ist auch erwiesener Maßen so, dass unsere Kinder mitunter unbewusst unsere Krankheiten übernehmen, um uns das Leben leichter zu machen. Wenn wir in diesen Mustern stecken bleiben, die zum Beispiel ursächlich für eine Krankheit sind, erschweren wir unseren Kindern das Leben. Ihre bedingungslose Liebe veranlasst sie uns zu helfen. Aber das ist nicht ihre Aufgabe. Umgekehrt wird ein Schuh draus.

Deshalb ist es auch so wichtig, dass wir an uns arbeiten und all diese alten Muster und Blockaden transformieren und loslassen. Ein größeres Geschenk können wir unseren Kindern gar nicht machen.

Ein beliebtes Thema für viele von uns ist das berühmte Manifestieren. Ich kann manifestieren wollen, so viel ich will. Solange ich innere Widerstände habe, geht gar nichts.

Und das ist auf allen Gebieten so und trifft bei allen Themen unseres Lebens zu. Warum kommen wir denn mit Geld nicht voran? Warum fließt es nicht so, wie wir uns das vorstellen? Wie soll es denn, wenn ich mich nicht selber wertschätze und auch nicht die Arbeit, die ich mache. Wenn ich permanent denke, die anderen können das besser und meine Arbeit ist nicht so gut, ist nicht so viel wert?

Ich bin wohl bereit für ein gutes Coaching hundert Euro zu zahlen. Aber wenn ich selber eine gute Beratung hingelegt habe, nenne ich fast flüsternd meinen Preis und wage kaum zu sagen, dass ich ihn gern gleich hätte. So funktioniert das aber nicht!

Nur wenn ich meinen Wert kenne und ihn schätze, strahle ich das auch aus und ich bekomme diese Wertschätzung im Außen gespiegelt. In vielen Fällen sind es die Mangelgefühle an Wertschätzung, Vertrauen, Liebe, Freude, Dankbarkeit, Fülle und andere, die diese inneren Widerstände nähren. Ich habe kein Geld, weil ich es nicht verdient habe in Fülle zu leben.

Quatsch! Wir sind hier auf dieser Erde in dieser Inkarnation, um Fülle und Reichtum zu erleben und Freude zu haben. Wir sind auch hier, um zu lernen, wie das geht. Wer das schon gelernt hat - herzlichen Glückwunsch! Der hat wahrscheinlich dann ein anderes Lernthema. Zum Beispiel: Ich habe genug Geld, aber keinen Partner, der mich liebt. Das ist etwas, das ich mit Geld nicht kaufen kann. Warum liebt mich keiner? Ich bin es nicht wert! Ich bin zu klein, zu groß, zu dick, zu dünn, zu hässlich oder sonst was. Mich kann man nicht lieben.

Ja klar, wenn ich mich selber nicht liebe, wieso sollten die anderen es tun? Das Thema Selbstliebe ist ein sehr weit verbreitetes. Nichts im Außen kann meine innere Leere füllen. Erst wenn ich mich selber lieben kann, habe ich alles was ich brauche. Denn ich bin der wichtigste Mensch in meinem Leben und dieser Mensch ist immer bei mir. Immer! Alles was im Außen dazukommt, ist das Sahnehäubchen obendrauf.

Fang bei dir an. Liebe dich selbst. So wie du bist, bist du richtig. Genauso hat Gott dich gewollt oder (für die, die mit Gott nicht viel anfangen können) genauso war der große Plan. Also sei glücklich darüber, freu dich. Auch das ist ein Geburtsrecht, das wir alle haben. Wir sind hier um glücklich zu sein und in Freude zu leben, zu lieben und zu lachen. Was sich aber so einfach anhört, ist verdammt schwer umzusetzen. Das Potenzial dazu hat jeder in sich. Es will nur freigeschaufelt werden. Doch wo muss ich anfangen zu buddeln? Und genau da können Techniken wie ThetaFloating helfen. Sie spüren die Widerstände auf, heilen das innere Ungleichgewicht und räumen den Weg frei für Veränderungen.

Also - packen wir´s an....

3.7 Lichtarbeit

Die Aufarbeitung der emotionalen Verletzungen kann neben der Gefühlstransformation auch mit Hilfe der Lichtarbeit erfolgen. Ich hatte bereits erwähnt, dass alles im Leben Energie ist. Damit sind auch Farben gemeint, ganz besonders die kosmischen Farben, die man zur Heilung einsetzen kann. Kosmische Farben sind Licht und Licht ist Energie. Jede Farbe hat eine andere Schwingung und entsprechend ihrer Frequenz auch eine unterschiedliche Wirkung.

Bei all den Lesungen, bei all den Leben, die du hier lesen konntest, habe ich zu den schmerzhaften Erfahrungen und Erlebnissen häufig einen Hinweis gegeben, der wichtig war: Arbeite mit den kosmischen Farben. Visualisiere das kosmische Licht. Licht ist eine Kraft, die alles durchdringen kann, alles reinigt und umwandelt. Die Schwingungen der kosmischen Farben helfen diese schmerzhaften Erlebnisse, die verletzenden Gefühle zu transformieren und zu heilen. Und dabei geht es vor allen Dingen um drei Farben: um **Violett, Grün** und **Rosa**.

Violett ist die Farbe der Transformation. Das violette Licht kann all die Dinge transformieren, die unserer Heilung oder unserer Weiterentwicklung im Wege stehen. Es löst alle negativen Energien auf und transformiert sie in licht- und liebevolle Energien. Es ermöglicht, all das Schwere loszulassen, und frei von allem nach vorn zu schauen. Violett ist die Verbindung von Geist und Materie. Da es die Vermischung von **Rot** und **Blau** ist, schafft es eine Verbindung vom Wurzel-Chakra zum Scheitel-Chakra. Das Wurzel-Chakra mit der Farbe Rot steht für unser Überleben. Für Lebenskraft und Mut, Entscheidungskraft und Erfolgsstreben, aber auch Durchsetzungskraft. Und es regelt unsere allgemeinen Lebensfunktionen im Körper. In Verbindung mit dem Scheitel-Chakra ermöglicht die Farbe Violett die Transformation von Geist und Seele.

Grün ist die Farbe der Heilung. Das grüne Licht kann helfen das entsprechende Leben dann zu heilen. Grün ist mit dem Herz-Chakra verbunden und wirkt beruhigend auf Herz und Nerven. Es stärkt alle die Gefühle, die mit Harmonie, Mitgefühl und Nächstenliebe verbunden sind. Mit Verlässlichkeit, Wachstum und Anpassungsfähigkeit, aber auch mit Fülle. Wir finden Grün in der Natur. Und dort sprießt und wächst es bekannterweise unentwegt. Im Grün schwingen das **Blau** der göttlichen Glaubenskraft und das **Gelb** der göttlichen Weisheit. Es beinhaltet auch alle vier Farben der vier Elemente Feuer, Wasser, Luft und Erde. Denn neben Gelb und Blau, das in der Vermischung Grün ergibt, schwingt auch noch die Komplementärfarbe Rot mit. Denn wenn man Grün im Sonnenlicht betrachtet, zeigt sich die Farbe Rot, wenn man die Augen schließt und das Bild nachwirken lässt.

Und das rosafarbene Licht ist die Farbe der kosmischen Liebe. Die Liebe ist das Allheilmittel schlechthin. Sie hat viel mit dem notwendigen Urvertrauen zu tun. Dazu gehört auch die unmittelbare Verbindung zu Mutter Erde. Die rosa Farbenergie beherbergt in sich die Liebe, das größte Gut einer Seele. In der Liebe finden sich ganz wunderbare Qualitäten wieder wie Fürsorge, Mitmenschlichkeit, Hilfsbereitschaft und Mitgefühl. Die Liebe hat magnetische Eigenschaften. Sie zieht all das ins Leben, was von ihr selbst ausgestrahlt wird.

Diese drei Farben lässt man durch die entsprechenden Leben oder durch diese schwierigen Situationen fließen. Zuerst Violett zur Transformation, danach Grün zur Heilung und anschließend noch Rosa, die Farbe der Liebe, die ebenfalls heilt und in Harmonie bringt. Man visualisiert, wie diese Farben das Leben durchflutet. Durch ihre Schwingungen transformieren und heilen sie das vergangene Leben. Dadurch hat man die Möglichkeit, im Nachhinein all das aufzulösen, zu heilen und loszulassen, was heute immer noch blockierend im Unterbewusstsein festsitzt.

Dazu ist es notwendig, sich nach innen zu wenden. Am besten eignet sich dabei der meditative Zustand. Setz dich in Ruhe hin, schließe deine Augen und atme ein paar Mal tief ein und aus. Lass deinen Verstand los und bring dein Denken zur Ruhe. Finde hin zu einem Bewusstseinszustand, der dir erlaubt, dich mit deinem Inneren zu verbinden. In diesem Zustand kannst du die inneren Bilder aus den vergangenen Leben in dir aufsteigen lassen. Du kannst diese Leben sehen, spüren und wahrnehmen. Dich mit ihnen verbinden. Und dann stellst du dir vor, wie sie mit kosmischem Licht durchflutet werden. Je länger du diese Vorstellung in dir halten kannst, desto stärker ist auch die Wirkung des Lichtes. Die Schwingungsfrequenz der einzelnen Farben bewirkt im Nachhinein die Transformation oder Heilung der unterschiedlichen Situationen. Sie verändern dadurch die Auswirkungen auf dein heutiges Leben.

Wir können die Vergangenheit nicht verändern. Denn was gewesen ist, ist gewesen. Aber wir können die Wirkung auf unser heutiges Leben verändern. Denn indem wir die verdrängten Gefühle loslassen, verändern wir unsere Wahrnehmung des Vergangenen. Unsere Sichtweise darauf. Durch die veränderte Wahrnehmung und Bewertung des Vergangenen bekommen wir selbst eine andere Schwingung. Dadurch ziehen wir andere Umstände und Situationen in unser Leben. Und damit verändert sich unser jetziges Leben.

Unabhängig von der Arbeit an emotionalen Verletzungen kannst du die kosmischen Farben bei allen Herausforderungen deines Lebens oder im Alltag anwenden. Erkunde die Wirkung der Farben in der Meditation. Arbeite und experimentiere mit ihnen. Wenn du sie ausreichend erfahren hast, kannst du sie auch bei Bedarf jederzeit einsetzen, wenn du Unterstützung brauchst.

Wenn dir zum Beispiel ein schwieriges Gespräch bevorsteht, kannst du dich mit dem blauen Farbstrahl durchfluten lassen, um dich innerlich zu stärken. Blau ist die Farbe der Macht, Kraft und Stärke und damit kannst du dein Selbstbewusstsein und Selbstwertgefühl stärken. Du kannst durch dich und die Situation rosafarbenes Licht fließen lassen, um eine harmonische Schwingung in das Gespräch zu bringen, in dem sich jeder verstanden und gut aufgehoben fühlt.

Wenn dir Klarheit fehlt, setze das weiße Licht ein, oder wenn du mehr Power brauchst, verbinde dich mit orange, und das gelbe Licht hilft dir wieder mehr Freude zu empfinden. Wenn es dir schwerfällt, dich auszudrücken und das zu sagen, was dir wichtig ist, dann lass dich von hellblauem Licht durchfluten, denn das stärkt dein Kehlkopf-Chakra, das für Kommunikation steht.

Lichtarbeit und Gefühlstransformation sind zwei kraftvolle Werkzeuge, um die Informationen aus den Akasha-Lesungen zu verarbeiten. Damit das Leben wieder schöner wird, leichter und glücklicher. Damit du zu dir und deiner Lebensaufgabe finden kannst. Damit du Erfüllung in deinem Leben finden kannst. Verändere dich selbst und dein Leben verändert sich.

4. Deine Seele

Bevor wir als Mensch geboren werden, wurde unsere Inkarnation umfassend vorbereitet und geplant - und zwar im Wesentlichen von uns selbst. Wir haben uns auf der Seelenebene überlegt, welche Art von Erfahrungen uns dienlich sind, um uns weiterentwickeln und vervollkommnen zu können. Die Planung vor der Inkarnation befasst sich nicht nur mit der Wahl der Eltern, sondern auch mit dem sozialen Umfeld, dem Zeitpunkt der Geburt und dem Land, in dem wir leben wollen. Ebenso die Rolle, in die wir schlüpfen und entscheidende Begegnungen und Umstände. Dazu werden auch karmische Begegnungen verabredet, wie zum Beispiel eine Seele, die sich bereit erklärt, das Sandkorn im Getriebe unseres Lebens zu sein.

Dieses Sandkorn, das uns das Leben oft schwermacht, als nörgelnder Chef zum Beispiel, als mobbender Mitschüler oder strenger Vater, ist der Auslöser dafür, dass wir uns mehr anstrengen und über unsere Grenzen hinauswachsen oder eine andere Richtung im Leben einschlagen. Dieser Seele, die sich für diese Rolle zur Verfügung stellt, dürfen wir dankbar sein, denn durch sie werden wir ermutigt, uns neuen Herausforderungen zu stellen und neue Erfahrungen zu machen. Durch ihren scheinbar störenden Einfluss können wir einen enormen Entwicklungsschritt vollziehen. Ich sage bewusst „können", denn wir haben den freien Willen. Ich kann dieses Sandkorn annehmen als Herausforderung des Schicksals, als Tritt in den Hintern, oder aber ich gehe in die Opferrolle und frage: „Warum immer ich?" Das ist allein meine Entscheidung.

Allerdings werden nur die Eckpunkte unserer Inkarnation geplant, nicht die Details. Denn wir haben den freien Willen und können in vielen Situationen so oder so entscheiden. Wenn wir zum Beispiel eine Verabredung mit verschiedenen Partnern in diesem Leben haben, so heißt das, dass wir mit ihnen verschiedenes Karma aufarbeiten können. Aber wenn wir in einer Partnerschaft nach Lösung des Karmas glücklich und zufrieden sind und daran festhalten wollen bis zum Ende des Lebens, kommen die anderen Optionen nicht zum Tragen.

Wenn wir ein Lernthema haben und uns im entscheidenden Moment falsch verhalten, verfehlen wir zwar unser Lernziel. Aber das ist nicht tragisch, denn wir bekommen dasselbe Thema so oft vorgesetzt, bis wir es verstanden haben und die Erfahrung gemacht haben, auf die es ankommt. Wir haben alle Zeit der Welt und können so viele Wiederholungen erleben, wie wir benötigen.

Deshalb sind auch Voraussagen nicht wirklich verlässlich. Sie können nur als eine Momentaufnahme angesehen werden. Denn unser Bewusstsein verändert sich ständig und damit auch die Wahrscheinlichkeit der Wahl, die wir in diesen oder jenen Situationen treffen.

Wie erkennen wir aber nun, ob wir unserem Lebensplan folgen? Welche Lebensaufgabe haben wir uns mitgebracht und welche Talente stecken in uns? Dazu müssen wir in Kontakt mit unserer Seele treten, mit ihr kommunizieren und dabei auf unsere Gefühle achten.

4.1 Seelenkommunikation

Die Seele ist unser tiefster Kern. Unsere Essenz. Das, was wir wirklich sind. Welche Talente wir mit auf die Welt gebracht haben, um sie zu entwickeln. Welche Wünsche, welche tiefen Bedürfnisse - die Dinge, die wir in unserem Leben verwirklichen wollen.

Um ein erfülltes Leben zu führen, ist es wichtig, in Kontakt zur Seele zu kommen. Damit wir ein Leben führen können, das uns aus der Fülle schöpfen lässt, und keines in dem wir aus Mangel an Erfüllung unserer Bedürfnisse krank werden.

Wie findest du aber den Zugang zu deiner inneren Stimme und wie genau kannst du dir das vorstellen? Gibt es da wirklich so eine tiefe Weisheit in dir, aus der du schöpfen kannst? Wie kannst du dir da vertrauen? Wie kannst du dir darüber klar werden, ob da wirklich deine innere Stimme zu dir spricht oder ob es doch nur dein Kopf ist, der einfach dazwischen quatscht?

Den Kontakt zu deiner Seele zu finden, ist nicht ganz einfach, weil die Seele keine konkrete Form oder Erscheinung hat. Du kannst sie mit dem Verstand nicht erkennen, sondern nur mit deinem Herzen, mit deiner Intuition und deiner Sensibilität spüren. Deshalb ist es hilfreich, in die Stille zu gehen und zuerst einmal das äußere Geplapper und all die Ablenkungen deiner Außenwelt abzustellen. Absolute Stille ist notwendig, um die leise Stimme der Seele zu hören. Um bei dir, deinem wahrhaftigen Sein anzukommen.

Das ist oft gar nicht so leicht, weil wir es nicht gewohnt sind, unseren Verstand auszuschalten. All die Gedanken, die uns ganz automatisch durch den Kopf gehen, loszulassen und in die Ruhe zu kommen. Das bedarf einiger Übung und funktioniert am besten, indem wir uns hinsetzen und meditieren. Durch die Meditation gelangen wir allmählich an den Punkt, wo alles von uns abfällt und wir mit unserer Aufmerksamkeit nach innen gehen. Wo wir uns voll und ganz auf unser Herz konzentrieren.

Der Weg zu unserer Seele führt am leichtesten über unser Herz. Wenn wir uns bewusst mit unserem Herzen verbinden, öffnen wir damit eine riesengroße Tür zu unserem Seelenraum. Dort haben wir direkten Zugang zu unseren ganz eigenen, unverwechselbaren Gaben, Talenten und Fähigkeiten. Und darüber hinaus sind wir angebunden an die Weisheit und Inspiration des Lebens selbst.

4.2 Herzkohärenz

Eine wunderbare Übung dazu habe ich bei Gregg Braden kennengelernt, einem amerikanischen Autor, der Wissenschaft und Spiritualität verbindet.

Er sagt: *„Wir lernen, dass Herz-Intelligenz vorkommt, wenn Herz und Gehirn in Kommunikation treten. Das geschieht extrem schnell und es ist diese Verbindung, die mit dem Feld spricht, das alle Dinge miteinander verbindet. Die Herz-Intelligenz ist der Auslöser für über 1300 biochemische Reaktionen im Körper. Sie hat die Kurzwahlnummer zum Unterbewusstsein und hält den Schlüssel zu Resilienz (Widerstandsfähigkeit) und tiefen Intuitionszuständen. Wir müssen mit unserem Unterbewusstsein in einer Sprache kommunizieren, die das Unterbewusstsein kennt.*

Das Herz und das Gehirn kommunizieren in jedem Moment. Die Qualität der Unterhaltung wird durch die Qualität der Emotionen bestimmt, die wir in unserem Herzen tragen. Herz-Kohärenz[9] tritt auf, wenn wir Emotionen wie Wertschätzung, Fürsorge, Dankbarkeit und Mitgefühl fühlen. Je größer die Kohärenz ist, desto optimaler wird die Kommunikation. Hier öffnet sich die Tür zu optimaler Gesundheit, tiefen Zuständen der Intuition und außergewöhnlichen Erfahrungen.

Die optimale Kommunikation zwischen dem Gehirn und dem Herzen beginnt damit, dass wir unsere Aufmerksamkeit auf unser Herz lenken.

---

9 Herzkohärenz (lateinisch.: cohaerere = zusammenhängen) ist die medizinische Beschreibung einer optimalen Synchronisierung der Rhythmen von Herzschlag, Atmung und Blutdruck.

Eine sanfte Berührung des Herzzentrums hilft dabei, unsere Aufmerksamkeit vom Verstand auf das Herz zu verlagern. Als nächstes senden wir ein Signal an den Körper, dass eine Veränderung stattfinden wird, indem wir so atmen, als käme es vom Herzen. Wenn wir etwas langsamer als gewöhnlich atmen, signalisiert das dem Körper, dass wir in Sicherheit sind und dass es in Ordnung ist. Nun können wir von diesem Ausgangspunkt aus emotionale Erfahrungen in unserem Herzen erzeugen, indem wir Emotionen der Dankbarkeit, Fürsorge, Wertschätzung oder des Mitgefühls empfinden. An diesem Punkt erschaffen wir eine Kohärenz zwischen unserem Herzen und dem Gehirn und das Tor zu allen Möglichkeiten öffnet sich.[10]

Hier nochmal die Übung in 3 Schritten erklärt:

1. Verlagere deine Aufmerksamkeit vom Kopf in dein Herz. Eine kleine Hilfestellung dabei: Berühre deine Brust über deinem Herzzentrum (Sternum/Brustknochen), sodass du einen sanften Druck verspürst.

2. Verlangsame deine Atmung: Atme bewusst einige Sekunden ein, einige Sekunden aus, und mache zwischen den Atemzügen eine kurze Pause. (Dies ist dein natürlicher Atemrhythmus, wenn du dich sicher und geborgen fühlst.)

3. Fühle die Verbindung zu deinem Herzen. Unterstütze dich selbst dabei, indem du bewusst in angenehme Emotionen „eintauchst". Einige Schlüsselbegriffe haben sich dabei als besonders wirkungsvoll erwiesen, zum Beispiel Wertschätzung, Dankbarkeit, Mitgefühl, Fürsorge und Liebe. Finde heraus, was dich persönlich am stärksten unterstützt.

Wenn du in deine Mitte – in dein Herz und damit zu deiner Seele – gefunden hast, dann stelle dir die Frage, die dich gerade am meisten

---

10 Gregg Braden, Online-Kurs *„Die sechs Wahrheiten", Workbook Kapitel 4*

beschäftigt. Sei geduldig und sei offen für die Antworten, die du bekommst. Deine Seele weiß genau, worum es im Kern für dich geht und welche Wege du gehen kannst. Wenn die Antwort nicht gleich kommt, so wird sie doch schon bald, vielleicht auch durch Hinweise im Außen, zu dir finden.

Oft zweifeln wir an den Bildern und Informationen, die wir von der geistigen Welt erhalten. Bilden wir uns das nur ein? Entspringt es unserer Phantasie? Woher wissen wir, ob wir im Kontakt mit der Seele sind?

Hier sind einige Zeichen dafür, dass du wirklich in Verbindung mit deiner Seele stehst:

- Du fühlst eine Berührung im Körper, einen leichten Druck an den Schläfen oder ein energetisches Gefühl im Kopf.
- Du spürst einen Schauer, der deinen ganzen Körper durchzieht und fühlst eine tiefe Ruhe und Entspanntheit in dir.
- Du hast plötzlich kreative Ideen, ohne dass du etwas dafür tun musst. Es scheint leicht und einfach zu sein. Es fliegt dir nur so zu.
- Du spürst einen tiefen inneren Frieden in dir, ein Gefühl von zu Hause sein.
- Du fühlst dich vollkommen sicher und geborgen. Alle aktuellen Probleme und Sorgen scheinen unwichtig zu sein.
- Du hast kein Zeitgefühl. Die Zeit vergeht wie im Flug. Du bist gerade erst in die Meditation eingetaucht, und wenn du wieder da bist, kannst du kaum glauben, wie viel Zeit vergangen ist.

Wenn die Seele antwortet, gibt sie uns immer ein gutes Gefühl. Ein Gefühl von Liebe, von Ermutigung, von Berührung. Warmherzige und liebevolle Gefühle sind Anzeichen für eine echte Verbindung.

4.3 Astrologie und Chakren-Lehre

Vielleicht fragst du dich manchmal, warum dir bestimmte Situationen im Leben immer wieder begegnen oder warum die immer wieder die gleichen Menschen in dein Leben ziehst, obwohl du etwas anderes willst. Das hat mit der Lebensaufgabe zu tun, dem Thema, dem du dich in diesem Leben unter anderem widmen sollst. Welches Thema das ist, hat auch etwas mit deinem astrologischen Tierkreiszeichen zu tun.

Die Tierkreiszeichen beziehen sich auf die Jahreszeiten. Im symbolischen Sinn auch auf die Jahreszeiten im Leben eines Menschen. Das astrologische Jahr beginnt mit dem Frühlingsmonat März und dem Zeichen Widder. Daher symbolisieren Widder, Stier und Zwillinge die Kindheit, Krebs, Löwe und Jungfrau die Jugend, Waage, Skorpion und Schütze die Mannheit und Steinbock, Wassermann und Fische das Alter. Genauso wie sie auch Frühling, Sommer, Herbst und Winter symbolisieren. Darüber hinaus bezeichnen sie bestimmte Qualitäten und Charaktermerkmale eines Menschen und damit bekommen wir Zugang zur jeweiligen Lebensaufgabe.

Der **Widder** ist dafür bestimmt, Ziele zu verwirklichen. Und zwar nicht nur seine eigenen, sondern auch die von Unternehmen oder Organisationen. Er ist durch kämpferischen Willen, Begeisterungsfähigkeit und Mut gekennzeichnet. Er vermag damit andere Menschen zu inspirieren und mitzureißen. Er ist der geborene Anführer.

Der **Stier** steht vor allen Dingen für Treue und Loyalität. Freundschaften halten bei ihm oft ein Leben lang und auch Partnerschaften sind durch eine tiefe Verbundenheit geprägt. Seine Haltung ist inspirierend für andere und er vermittelt damit eine ganz besondere Lebensqualität.

Der **Zwilling** ist ein lebhafter und freundlicher Mensch, der anderen ohne Vorurteile begegnet und immer auf der Suche nach etwas Neuem ist. Dieses Luftzeichen bringt Beweglichkeit und Kommunikation, aber auch Vielseitigkeit und Intellekt. Wo immer er erscheint, versprüht er gute Laune und sorgt für eine angenehme Atmosphäre.

Beim **Krebs** dreht sich alles um Gefühle und Empfindsamkeit. Seine Aufgabe ist Liebe, Fürsorge und Herzenswärme in die Welt zu bringen. Er gibt alles für seine Familie, ist selbstlos und uneigennützig. Seine liebevolle und sanfte Art wird von den Menschen in seiner Umgebung sehr geschätzt und dankbar angenommen.

Der **Löwe** will andere inspirieren und mit seiner Begeisterung anstecken. Er strahlt seine Freude am Leben aus mit allen Möglichkeiten der Entfaltung. Egal ob im Beruf oder im privaten Bereich – er bringt positive Energie, wo immer er auftaucht und zeigt sich großzügig, tatkräftig und kreativ.

Das Besondere an der **Jungfrau** ist ihr ausgeprägtes Organisationstalent. Sie behält alles im Blick und kann Stresssituationen gut meistern. Eine Fähigkeit, die nicht nur im Beruf, sondern auch im privaten Leben von Vorteil ist. Mit ihrer Ordnungsliebe, Gründlichkeit und Fähigkeit zu analysieren bietet sie eine gute Basis für die Zusammenarbeit mit anderen.

Der **Waage**-Mensch bringt Frieden und Harmonie in die Welt und sorgt für mehr Gerechtigkeit. Er ist der geborene Diplomat und sorgt dafür, dass durch einen Kompromiss alle Seiten zufrieden gestellt werden. Für ihn ist Fairness wichtig und mit seiner Fähigkeit Sympathie zu erwecken setzt er sich für einen harmonischen Ausgleich ein.

Der **Skorpion** ist gekennzeichnet von Leidenschaft, Mut und Willensstärke und damit motiviert er andere. Analysierend, ausdauernd und belastbar engagiert er sich für Projekte, die ihm am Herzen liegen und mit denen er der Welt seine Fähigkeiten zeigen will. Individuell und kämpferisch geht er seinen Weg. Dabei bleibt er stets treu und loyal.

Der **Schütze** will durch seine Erfahrungen, Reisen und Abenteuer andere Menschen inspirieren. Er ist ein Optimist und visiert seine Ziele an. Mit einem besonderen Pioniergeist ausgestattet, entwickelt er einen großen Phantasiereichtum. Zur Umsetzung motiviert er Mitmenschen um sich herum, die mitdenken und seine Vision verwirklichen.

Der **Steinbock** hat die Aufgabe, Lehrer für andere zu sein und ihnen Wege und Strategien aufzuzeigen, denn er kann gut vermitteln und führen. Er ist ein sehr bedachter Charakter, nachdenklich und bodenständig. Verantwortungsbewusstsein und Leistung sind ihm wichtig. Dabei ist er beharrlich und sehr geduldig.

Als **Wassermann** geht es vor allem darum, Gerechtigkeit und Individualität zu fördern. Das Luftzeichen kennzeichnet einen Menschen, der sich von der Masse abhebt, anders ist, freiheitsliebend und revolutionär. Der eine Individualität ausbildet, die sich vom Mainstream unterscheidet. Er schwimmt mit voller Leidenschaft gegen den Strom und setzt sich für Menschen ein, die ausgegrenzt oder unfair behandelt werden.

Der **Fische**-Mensch ist mitfühlend und hilfsbereit. Das Element Wasser drückt die Suche nach Tiefe aus. Die eher ruhige und verträumte Persönlichkeit kann gut zuhören und sich in andere Menschen einfühlen. Er hilft den Menschen, im Alltag wieder zu sich selbst zu finden und spendet ihnen damit Kraft. Seine Sensibilität und Anpassungsfähigkeit machen ihn zu einem freundlichen und gelassenen Mitmenschen.

Aus astrologischer Sicht lässt sich jedem Tierkreiszeichen zusätzlich noch ein Chakra zuordnen. Daraus leiten sich Lebensthemen ab, die dem jeweiligen Tierkreiszeichen immer wieder begegnen.

Der Begriff Chakra kommt aus dem Sanskrit und bedeutet Rad oder

Kreis. Damit meint die Chakren-Lehre die Energiezentren im Körper, die durch Energiekanäle miteinander verbunden sind. Es gibt sieben Haupt-Chakren und verschiedene Neben-Chakren, die bestimmte Funktionen erfüllen. Abhängig vom Entwicklungsprozess des Menschen zeigt sich der Zustand der Chakren - geöffnet oder geschlossen.

Dem Tierkreiszeichen **Widder** ist das Wurzel-Chakra auf der Höhe des Steißbeins zugeordnet. Es ist das unterste Chakra und verbindet uns mit der Erde. Dabei geht es besonders um die physische Existenz, um Überlebensängste und Angst vor Veränderungen. Die Aufgabe besteht darin, Vertrauen in das Leben und die innere Stärke zu entwickeln und dadurch Stabilität auf der materiellen Ebene des Lebens erreichen.

Dem Tierkreiszeichen **Stier** ist das zweite Chakra – das Sakral-Chakra – zugeordnet, das sich etwa eine Hand breit unter dem Bauchnabel befindet. Der Stier muss sich mit den emotionalen Kräften in seinem Inneren auseinandersetzen. Er will festhalten, was er sich erarbeitet hat. Aber das Sakral-Chakra fordert ihn auf loszulassen und dem Fluss des Lebens zu vertrauen. Seine Lebensaufgabe besteht darin Gefühle zuzulassen und Sinnlichkeit zu leben.

Dem Tierkreiszeichen **Zwillinge** ist das dritte Chakra, das Nabel-Chakra zugeordnet. Es befindet sich etwa zwei Finger breit über dem Nabel und steht für unsere innere Stimme, unsere Intuition. Der vielseitig interessierte Zwilling ist im Außen immer auf der Suche nach Neuem und leicht abgelenkt. Er muss sich nach innen wenden, um Selbstvertrauen und Selbstsicherheit aufzubauen. Seine Aufgabe besteht darin, über den Prozess der Selbsterkenntnis Stärke und Stabilität im Leben zu finden.

Dem Tierkreiszeichen **Krebs** sind die Ellenbogen-Chakren zugeordnet, die zu den Neben-Chakren zählen. Ihre Themen sind Konfliktfähigkeit und Loyalität zu sich selbst. Krebsgeborene sind sehr emotional und sensibel und ziehen sich bei Konflikten schnell zurück. Die Ellenbogen-Chakren fordern dazu auf, aus der Deckung zu kommen und sich dem

Konflikt zu stellen. Ihre Aufgabe ist es, die Ellenbogen ein- und sich durchsetzen.

Dem Tierkreiszeichen **Löwe** ist das Solarplexus-Chakra zugeordnet, das sich etwas oberhalb des Nabels auf Höhe des Sonnengeflechts (Solar-Plexus) befindet. Es steht für Wärme, Energie und Aktivität – was sich auch in dem großherzigen und kraftvollen Löwe-Geborenen zeigt. Er ist sich seiner Stärke und Überlegenheit bewusst und schießt manchmal übers Ziel hinaus. Das Solarplexus-Chakra fordert ihn auf, immer wieder auf die Herzebene zu gehen und Wärme und Mitgefühl für sich selbst und andere zu finden. Und sich selbst als Teil eines noch größeren Ganzen wahrzunehmen.

Dem Tierkreiszeichen **Jungfrau** ist das Kalpa-Taru-Chakra zugeordnet. Es sitzt mittig zwischen Solarplexus und Herz-Chakra und steht für Groß-zügigkeit und Vertrauen. Die Jungfrau geht im Alltag pragmatisch und vernünftig vor, doch gerade ihr Streben nach Perfektionismus macht ihr das Leben schwer. Sie muss lernen, Dinge abzugeben, ohne sie zu kon-trollieren. Ihre Aufgabe ist es, Vertrauen zu lernen und loszulassen.

Dem Tierkreiszeichen **Waage** ist das Herz-Chakra zugeordnet, das in der Mitte der Brust auf Höhe des Herzens sitzt. Es liegt in der Mitte der sieben Haupt-Chakren und steht damit auch für die Brücke zwischen der weltlichen und der spirituellen Ebene. In die Mitte und Harmonie zu kommen, ist auch das Ziel der Waage-Geborenen. Aus Angst vor fal-schen Entscheidungen sind sie sehr vorsichtig, doch das Herz-Chakra fordert dazu auf, das individuelle Ego zu überwinden, die Vorsicht hinter sich zu lassen und die selbstlose Liebe zu leben.

Dem Tierkreiszeichen **Skorpion** ist das Thymus-Chakra zugeordnet, ein Neben-Chakra, das mittig zwischen Herz- und Halschakra liegt. Es steht für Themen wie Selbsteinschätzung, Selbstwert, innerer Frieden und Wertschätzung des Lebens. Themen, die den Skorpion umtreiben und nicht zur Ruhe kommen lassen. Das Thymus-Chakra fordert ihn auf, einen Punkt der inneren Ruhe anzustreben und den Fluss des Lebens zu akzeptieren.

Dem Tierkreiszeichen **Schütze** ist das Halschakra zugeordnet, das für Individualität, Wissen und Weisheit steht. Aus Furcht vor Ablehnung auf Grund ihres Wissens legen sich Schütze-Geborene eine Überheblichkeit zu, bei dem sie den Kontakt zu ihrem Selbst verlieren. Das Halschakra fordert auf, den authentischen Selbstausdruck wiederherzustellen und Vorurteile zurückzunehmen, denn Überlegenheit macht einsam. Es hilft, sich anderen zu öffnen und sein Wissen mit ihnen zu teilen.

Dem Tierkreiszeichen **Steinbock** ist das Stirn-Chakra zugeordnet, das in der Mitte des Kopfes zwischen den Augenbrauen liegt und auch als Drittes Auge bekannt ist. Denn es steht für Intuition, Achtsamkeit und Mystik. Das Stirn-Chakra fordert den nüchternen und realitätsbezogenen Steinbock auf die eigene Spiritualität zu erkunden und sich von der Isolation des Verstandes zu lösen, um so eine neue Form von Wissen und Weisheit zu erfahren.

Dem Tierkreiszeichen **Wassermann** ist das Hinterkopf-Chakra oder auch Kausal-Chakra zugeordnet. Es steht für Imagination, Inspiration und Weisheit. Der rebellische und unkonventionelle Wassermann verliert sich gern in Zukunftsvisionen, mit denen er die Welt verbessern will. Die Lebensaufgabe besteht darin, das Gesamtbild zu sehen und die höheren Zusammenhänge des Lebens zu erkennen, indem er sich von überholten Glaubenssätzen löst und seinen Seelenfrieden findet.

Dem Tierkreiszeichen **Fische** ist das Kronen-Chakra zugeordnet, das sich direkt über dem Scheitelpunkt des Kopfes befindet. Hier geht es um die Verbindung zum höheren Selbst und die göttliche Führung. Fische-Geborene müssen ihre Ängste überwinden, allein gelassen und vom Universum nicht gut genug versorgt zu sein. Das Kronen-Chakra hilft sich mit dem Göttlichen zu verbinden und das Einheitsbewusstsein zu spüren.

Du siehst, mit der Astrologie und Chakren-Lehre kann man einiges über die Seele erfahren. Aber es gibt noch andere Möglichkeiten, sich seiner Lebensaufgabe zu nähern.

4.4 Numerologie des Geburtsdatums

In der Numerologie sagt die Lebenszahl, die sich aus der Quersumme deines Geburtsdatums ergibt, etwas über deinen Charakter und deine Lebensaufgabe aus. Nehmen wir ein Beispiel:

Dein Geburtstag: 16.8.1979

Die Rechnung: $1+6+8+1+9+7+9= 41$

Im nächsten Schritt addierst du die Ziffern der Summe noch einmal:

$4+1=5$

Deine Lebenszahl lautet demnach 5.

Das Ergebnis muss immer eine einstellige Ziffer sein. Kommt eine zweistellige Ziffer heraus, müssen beide Ziffern nochmal addiert und eine neue Quersumme gebildet werden.

Das sagt die Lebenszahl über die Persönlichkeit aus:

Lebenszahl 1

Menschen mit der Lebenszahl 1 sind kreativ und weltoffen. Sie besitzen ein hohes Verantwortungsbewusstsein und Durchsetzungsvermögen und sind daher die geborenen Führungspersönlichkeiten.

Lebenszahl 2

Die 2 steht für ein Paar, das Du im gegenüber. Menschen mit der Lebenszahl 2 gehen auf andere zu, sind für sie da, können Konflikte schnell lösen und sind ausgesprochene Familienmenschen.

Lebenszahl 3

Menschen mit der Lebenszahl 3 sind lebenslustig und optimistisch und können durch ihre Kreativität und Disziplin alles erreichen. Wie der Held im Märchen, der 3 schwierige Aufgaben lösen muss und als Lohn die Hand der Prinzessin bekommt.

Lebenszahl 4

Menschen mit der Lebenszahl 4 haben einen scharfsinnigen Verstand und ein großes Organisationstalent, vergleichbar mit dem Tierkreiszeichen Jungfrau. Dank ihrer Ausgeglichenheit sind sie tolle Freunde und Partner.

Lebenszahl 5

Die Lebenszahl 5 bringt Freiheitsliebe und Abenteuerlust mit sich. Diese Menschen brauchen viel Freiraum und sind schwierige Partner im privaten und beruflichen Bereich auf Grund ihrer Unzuverlässigkeit.

Lebenszahl 6

Menschen mit der Lebenszahl 6 sind Perfektionisten, die nach Harmonie und Schönheit streben. Sie sind kreativ und ehrgeizig und haben einen ausgeprägten Sinn für die Kunst. Gleichzeitig ist Familie für sie wichtig.

Lebenszahl 7

Die 7 ist eine magische Zahl und steht auch für Mystik. Menschen mit dieser Zahl stellen die Intuition über den Verstand und sie können Menschen schnell durchschauen. Sie haben einen Hang zum Spirituellen.

Lebenszahl 8

Menschen mit der Lebenszahl 8 sind erfolgsorientiert, denken praktisch und wollen Karriere machen. Durch ihre Willensstärke kommen sie an jedes Ziel. Allerdings können sie mit Kritik nicht gut umgehen.

Lebenszahl 9

Bei dieser Zahl geht es um Optimismus und Hilfsbereitschaft. Ein Mensch mit dieser Lebenszahl hat eine ausgeprägte soziale Ader, tut viel für seine Mitmenschen, lässt aber niemanden an sich heran und hält die eigenen Gefühle bedeckt. Das macht sie etwas geheimnisvoll.

Die Meisterzahlen der Numerologie: 11, 22 und 33

Wenn die Quersumme des Geburtsdatums 11, 22 oder 33 ergibt, werden diese Zahlen nicht nochmals addiert, denn sie haben bereits eine Bedeutung. Die Meisterzahlen stehen für eine große Aufgabe, mit der auch eine große Verantwortung einhergeht. Eine Seele, die mit einer Meisterzahl geboren wird, hat sich besondere Herausforderungen in ihren Lebensplan geschrieben. Sie will eine besondere Stufe ihrer Entwicklung erklimmen.

Meisterzahl 11

Die Zahl 11 ist die Zahl der Intuition und Weisheit. Diese Menschen haben große Talente, sie brauchen die Herausforderung und ein „Unmöglich" gibt es für sie nicht. Dabei wird ihre emotionale Stabilität sehr oft auf die Probe gestellt. Sie sind Visionäre und stecken andere mit ihrer Begeisterung an.

Meisterzahl 22

Menschen mit der Zahl 22 besitzen ein Gefuhl für Ästhetlk und haben eine starke Intuition. Sie erschaffen eine fruchtbare Zusammenarbeit mit andercn Menschen, wobei ihr praktisches Denken aufbauend auf verschiedenen Ebenen wirkt. Sie können Großes erreichen und sind besonders gute Führungskräfte. Dabei hilft Ihnen Ihr Gespür für Diplomatie.

Meisterzahl 33

Personen mit der Zahl 33 haben viel Mitgefühl und ein Bedürfnis nach Harmonie. Ihre tiefe Liebe für die Menschen und die Natur ermutigt sie, Verantwortung für sich selbst und für andere zu übernehmen. Sie dienen der Menschheit auf eine besondere Art und Weise. Dabei sollten sie ihre eigenen Bedürfnisse nicht aus den Augen verlieren.

Bei Kryon habe ich im Buch „Die 12 Stränge der DNA" folgende Deutung der Meisterzahlen gefunden:

ELF (11): Erleuchtung

Zweiundzwanzig (22): Baumeister – kosmisches Gesetz

Dreiunddreißig (33): Christus-Energie (Christus als Titel, nicht als Name)

44 bis 99: Wurden noch nicht durchgegeben, da wir diese Zahlen, die einen stärkeren Quantencharakter haben, noch nicht verstehen.[11]

In diesem Buch finden sich auch noch mal tiefer gehende Deutungen der Zahlen 1 bis 9. Dabei bezieht sich Kryon auf die Quantenebene, denn bislang sind wir nur in der Lage, die Bedeutung der Zahlen in unserer 3D-Realität zu erkennen. So wie wir auch nur die 1. Schicht der DNA wirklich wissenschaftlich nachweisen können. Die anderen elf Stränge oder Schichten dehnen sich im Quantenfeld aus und sind von uns bzw. der Wissenschaft noch nicht zu erkennen. Lee Carroll, der Autor des Buches hat sich im Vorfeld des Channelns und Schreibens sehr intensiv mit der Numerologie befasst. Wer mehr über die Bedeutung der Zahlen wissen will, lese gern in seinem Buch nach.

Einen weiteren Aufschluss über deine Lebensaufgabe kann dir die

---

[11] *Lee Carroll* **Kryon** *die 12 Stränge der DNA, KOHA-Verlag 2011*

Kabbala geben. Ihr Lebensbaum mit seinen 10 Seelenaspekten, 22 Wegen und 10 Lernaufgaben ermöglicht einen tieferen Einblick in deine Seele und das **Human Design System** unterscheidet sogar 192 verschiedene Lebensaufgaben. Mit Hilfe dieser Methoden kannst du noch mehr über deine Seele erfahren.

Denn eines darfst du nie vergessen: Den Tag und die Zeit deiner Geburt hat deine Seele ganz bewusst gewählt, um bestimmte Herausforderungen in diesem Leben zu erfahren und ebenso bestimmte Lernaufgaben zu bewältigen. Du bist hier, weil deine Seele sich weiter entwickeln will. Diese vielen Informationen über deine Seele ermöglichen es dir, dich selbst besser zu verstehen, anzunehmen und akzeptieren zu können, wie du bist. Denn du bist genau richtig, so wie du bist.

Du bist ein einzigartiges Wesen und leistest einen einzigartigen Beitrag hier in der Welt. Lebe Verständnis und Mitgefühl, Geduld anderen gegenüber und schaffe Begegnungen auf der Herzensebene. Denn die Kommunikation von Herz zu Herz ist das, was zählt. Dabei frage dich „Wer bin ich und wer will ich sein? Wer steckt in mir drin und will erkannt werden"? Finde das heraus. Denn nicht das, was du tust, sondern das Gefühl, das du dabei hast, ist wichtig. Das zeigt dir, ob du auf dem richtigen Weg bist. Das ist dein Kompass. Dem darfst du vertrauen.

Ich wünsche ich dir viel Erfolg und viel Freude auf deinem Weg.

In tiefer Liebe und Verbundenheit

Gitta Jahn

Über die Autorin

Gitta Jahn ist spirituelle Lehrerin. Nach ihrem Wirtschaftsstudium hat sie lange Jahre als Beraterin in einer Bank gearbeitet. Damals fing das spirituelle Erwachen bei ihr an. Sie begann sich auf die Suche nach ihrer Lebensaufgabe zu machen. Dabei entdeckte sie das große Feld der Spiritualität und begann die unterschiedlichsten Ausbildungen. Neben Reiki, Bioenergetischer Meditation und ThetaFloating stieß sie dann auf die Akasha-Chronik, die sie fortan nicht mehr loslassen sollte. Das Lesen in der Akasha-Chronik wurde zum Kernthema ihrer Arbeit.

Als spirituelle Lebensberaterin und Coach hat sie in den letzten zwanzig Jahren unzählige Akasha-Lesungen für Klienten gegeben. Dabei kristallisierte sich immer mehr das große Interesse der Klienten heraus, selber in ihrer Akasha-Chronik zu lesen. Inzwischen gibt sie auch Seminare, in denen man das Lesen in der Akasha-Chronik erlernen kann.

Neben dem Akasha-Lesen gewannen auch das Kartenlegen und die Gefühlstransformation zunehmend an Bedeutung. Dieses Dreiergespann ist hervorragend dafür geeignet, neue Wege im Leben zu finden. Nur wer weiß, was er alles im Gepäck mit sich trägt, kann es auch ablegen und loslassen.

Sie begleitet Menschen auf ihrem Weg zu mehr Glück und Zufriedenheit. Mit den unterschiedlichsten Methoden und energetischen Techniken hilft sie emotionale Blockaden zu erkennen und zu lösen. Sie gibt Seminare und Einzelcoachings.

Mehr über Gitta Jahn findest du auf ihrer Webseite:

www.helfend-heilen.de

Buchempfehlungen

Akasha Therapie von Amanda Romania, Ansata Verlag 2013

Akasha-Chronik – One True Love, Gabrielle Orr, Ansata Verlag 2015

Kryon – Die 12 Stränge der DNA, Lee Carroll, KOHA Verlag 2011

Heile deinen Körper, Louise Hay, Verlag Alf Lüchow 2002

Die menschliche Akasha, Monika Muranyi, KOHA Verlag 2015

Theta Floating: Aktiviere das spirituelle Potenzial deines Zellbewusstseins und erschaffe dich neu, Esther Kochte, Scorpio Verlag 2011

Video-Kurs Gefühls-Transformation

Erkenne deine eigene emotionale Welt und transformiere sie.

Finde heraus, wer du bist und was du brauchst, um glücklich zu sein. Dieser Kurs soll dir helfen, deine eigene Essenz zu erkennen. Du lernst deine blockierten Gefühle zu erkennen und aufzulösen. Überall da, wo du Angst, Wut, Trauer, Einsamkeit, Unzufriedenheit und mehr spürst, gibt es in dir Gefühle, die du verdrängst, weil sie zu schwer zu ertragen waren. Dadurch ziehst du immer wieder ähnliche Situationen in dein Leben.

Das zu spüren und wahrzunehmen, lernst du in diesem Kurs. Und auch, wie du diese Gefühle loslassen kannst. Damit du wieder ein Leben in Freude und Zufriedenheit leben kannst.

Du lernst auch noch einige spirituelle Werkzeuge und Techniken. Dazu gehört die Violette Flamme, Lichtarbeit, die Arbeit im Herzdiamanten und anderes. Diese Werkzeuge und Techniken werden immer dann eingesetzt, wenn es darum geht Gefühle oder negative Energien in uns zu transformieren, Vergebungsarbeit zu machen oder auch mit den Ahnen zu arbeiten.

Mehr unter: www.helfend-heilen.de

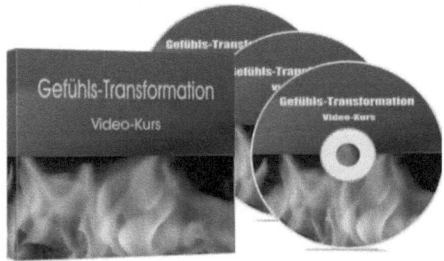

Video-Kurs Lesen in der Akasha-Chronik

Öffne die geheimen Aufzeichnungen deiner Seele und lerne in dem wichtigsten Buch der Welt zu lesen - der Akasha-Chronik.

Wenn du mehr über dich erfahren möchtest, über die Themen, die du in dieses Leben als Aufgabe mitgebracht hast oder auch welche Talente und Gaben noch in dir schlummern, kann der Akasha-Video-Kurs dir Antworten liefern.

Dieser Video-Kurs vermittelt dir die Fähigkeit, in deiner eigenen

Akasha-Chronik zu lesen. Du lernst, deine inneren Sinnesorgane zu schulen, den Zugang zur Akasha-Chronik zu finden und wie du Fragen stellen kannst, um die richtigen Informationen zu bekommen.

Du kannst in vergangene Leben schauen, um die Themen zu erkennen, die du in dieses Leben mitgebracht hast und du kannst auch Talente und Fähigkeiten erkennen, die noch in dir schlummern und die du noch nicht auslebst.

Nach diesem Seminar hast du ein Werkzeug in der Hand, mit dem du dein Leben verändern kannst. Damit es leichter, schöner und glücklicher wird.

Mehr auf: www.helfend-heilen.de

Gitta Jahn

Erkenne dein Potenzial und

aktiviere dein inneres Wissen

Beim jahrelangen Lesen in der Akasha-Chronik haben sich für Gitta Jahn archetypische Leben herauskristallisiert. Diese Leben zeigen, dass wir als inkarnierte Seelen alle die gleichen Lernerfahrungen machen. Dabei geht es um die Themen, die wir in dieses Leben mitgebracht haben und um bewegende Gefühle, mit denen wir lernen müssen umzugehen. Das Lesen in der Akasha-Chronik ermöglicht zu erkennen, welche blockierenden Gefühle uns daran hindern glücklich zu sein und welche Fähigkeiten noch in uns schlummern. Wenn wir uns selber besser erkennen, können wir alte Reaktionsmuster durchbrechen und unser Leben neu gestalten und dabei in die eigene Schöpferkraft kommen. Wir können unser Potenzial erkennen und es ausleben.

Dazu empfiehlt Gitta Jahn: Bitte deine Seele um eine Botschaft. Schlage das Buch intuitiv auf und lass dich überraschen. Was will dir deine Seele sagen? Die beispielhaften Lebensgeschichten bieten zahlreiche Möglichkeiten.

ISBN: 978-3-7504-5227-5

Gitta Jahn

Heile deine Seele

Was ist meine wahre Berufung in diesem Leben? Wie erkenne ich meine Lebensaufgabe? Was ist der Sinn meines Lebens? Gitta Jahn erklärt, wie du die Antworten auf diese Fragen in dir selber finden kannst.

Aber auch das Lesen in der Akasha-Chronik hilft zu erkennen, welche blockierten Gefühle ich aus vergangenen Leben mitgebracht habe, welche emotionalen Verletzungen und Traumata ich nicht aufgelöst habe und noch immer mit mir herumtrage. Aber auch welche Talente und Fähigkeiten ich mitgebracht habe? Was schlummert noch in mir? Mit all diesen Informationen kann ich meine Seele heilen, alle blockierten Emotionen auflösen, meine Talente entdecken und endlich das erfüllte Leben führen, was ich schon immer wollte.

Seit vielen Jahren liest Gitta Jahn in der Akasha-Chronik und hat Menschen damit geholfen, sich selbst besser zu verstehen und ihr Leben zu verändern.

Gitta Jahn erklärt, wie du die Antworten auf diese Fragen in dir selber finden kannst.

ISBN: 9781700015921